PLATFORM BUSINESS

すべての産業は統合化される

川原秀仁 Hidehito Kawahara

プラットフォームビジネスの最強法則

光文社

はじめに

プラットフォームとは、いったいなんでしょうか。

従来でしたら、多くの人は「駅のホーム」を第一に思い浮かべたことでしょう。

しかし、最近は、ＺＯＺＯやメルカリなど、インターネット上で人を集めて何らかのサービスを提供する事業者をプラットフォームと呼ぶことが増えました。

私は、単一ビジネスではなく、ビジネスとビジネスが融合し、それがさらに大きなネットワークとなって新たなビジネスを提供する場所のことだと考えています。

最近、プラットフォームと名のついた2冊の本が話題です。ひとつは『プラットフォーム革命』（英治出版）、もうひとつは『最新プラットフォーム戦略　マッチメイカー』（朝日新聞出版）です。

両者を読むと、「プラットフォームとはAをしたい人とBをしたい人を結びつけること」だとわかります。たとえて言えば、電車に乗りたい人と駅弁を売りたい人が出会う場所、それがプラットフォームなのです。

ということは、物を売ることも、サービスを受けることも、何かを交換することも、すべてプラットフォーム上で実現するということです。

前述の2冊の本は、プラットフォームをネット上のサービスにほぼ限定していますが、私はこれに異議を唱えたいのです。ネット上の新しいプラットフォームは確かに革新的ですが、本来のプラットフォームとはそんな小さい話ではなく、現実世界をすべて包含する概念のはずです。

私は、ネット上のサービスだけでなく、現実世界も含めた、ありとあらゆるビジネスが融合したプラットフォームを創れれば、圧倒的な勝利者になれると考えています。本書は、そうしたアイデアを発想するために必要なノウハウを提供するものです。

ここで簡単に私自身の自己紹介をしたいと思います。

私たちの会社、山下ＰＭＣは「施設の参謀役」としてビジネスと施設や建物をつなぐマネジメントをおこなっています。一言で表すと、新たなビジネスやビジネスモデルをいかに建物と融合させ、いかにその建物を有効的に機能させていくかを提案し、これを上手なリスク管理の下で実現に導いていく仕事です。厳密に言えば、こうした業務をおこなっている企業は、日本にはほかに見当たりません。

多種多様な業種のお客様の、施設やその施設にまつわるビジネスの相談を承っているうちに、2020年に開催される「東京オリンピック・パラリンピック」や2025年の「大阪万博」に向けた、またそれ以降のビジネスの種、日本が進むべき方向性が見えてきたのです。

そこで、最初に非常に大きな話からスタートさせましょう。

1964年、日本で初めて東京でオリンピックが開催されました。オリンピックに合わせて開通した東海道新幹線や首都高速道路はよく知られていますが、東京の街並みも大きく変わりました。当時は郊外といった雰囲気の世田谷や渋谷、目黒などが開発され、いわゆる「山の手」が作り出されました。

そして、2020年のオリンピックに向けて、いま急ピッチで開発が進んでいるのが東京の臨海地域、つまり「海の手」エリアです。正直なところ、今まで、水辺を生かした街づくりの考え方は東京ではあまり議論されてきませんでした。

しかし、今回「海の手」にはオリンピックでレガシーとなるスポーツ施設が5～6個、コンベンションセンターも設置されます。もちろん、それにともない道路ができ、橋が造られます。オリンピック終了後に選手村も売り出されますから、いまよりいっそうの人口集中が予測されます。

さらに、「海の手」エリアは埋め立て地がほとんどですが、最近はかなり地盤改良がされているので、タワーマンションのような巨大なコミュニティが続々誕生しています。「海の手」のインフラや物流を結びつける方法は未知数ですが、新たな都市モデルや社会モデルが誕生するのではないかと、私は強く感じています。

「山の手」が開発された頃は高度成長期だったので、目覚ましい発展ぶりを肌で感じられましたが、今回の「海の手」の開発は静かに、しかし着実におこなわれつつあります。「海の手」は統合型リゾート、つまりカジノを含むホテルや劇場、ショッピングモール、国際会議場などの複合的な施設の候補地のひとつでもあります。文化的施設やスポーツ施設などが集まって、水辺のエンタテインメント基地ができるかもしれません。

商業的にも拡がりを見せています。広大な土地を生かした大手通販会社の倉庫とそれにちなんだリアル店舗も計画されていて、物流・流通拠点のひとつになる可能性があります。

また広い道が多いので、たとえば自動車の自動運転のテスト区間にすることも可能です。電気自動車の充電スポットもどんどんできるでしょうし、水素自動車に水素を補給する水素ステーションも次々に作られるでしょう。自動搬送やまだ見ぬ水上インフラなど、新しいインフラが姿を現します。

政府は、2030年頃の社会を先取りした「スーパーシティ」の設置を強く打ち出していますが、まさにそのモデルとなり得るエリアなのです。

人が来て、産業が来て、文化が来る……つまり、これから100%の確率で発展する「海の手」には、ビジネスのチャンスがあちこちに眠っています。こうした変化と進化に気がついて、そこから派生するビジネスチャンスを見逃さず、いち早くプラットフォームを構築できる人には大きなチャンスがめぐってきます。

ただし、未来はバラ色だとは限りません。さまざまな問題があらわになりつつある現在の日本は、何もしなければ、衰退するのは目に見えています。

逆に言えば、衰退していく日本を放置せず、大きな変革のチャンスととらえ、果敢にチャレンジしていけば、日本の未来は大きく変わります。

悪い未来を想像するのではなく、よい未来を創造することを目指しましょう。この本には、誰も思いつかなかったプラットフォームを創り出すための視点の磨き方が書かれています。本書で、チャンスに満ちたビッグウェーブに乗るための武器を手にしていただければ、これ以上の幸せはありません。

図1 プラットフォーマーの出現

A したい人と **B** したい人をプラットフォーム上で
マッチングさせる！

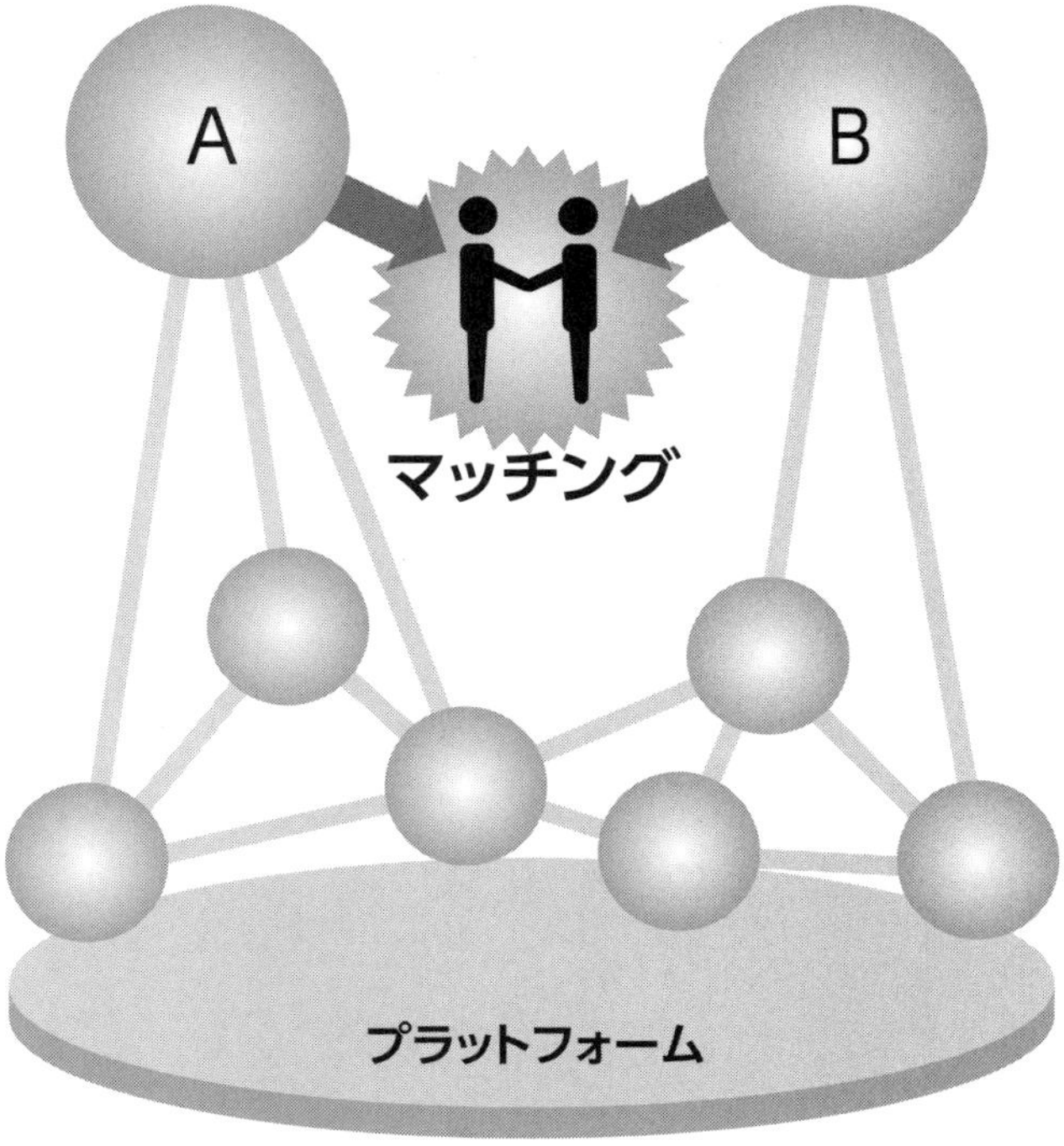

GAFAがその代表

G（グーグル）、**A**（アップル）、**F**（フェイスブック）、**A**（アマゾン）

Uber（2009年誕生）、**Airbnb**（2008年誕生）の

「仕組みビジネス」もこれに該当。

日本では**メルカリ**、**ZOZO**など

【目次】Contents

第2章
猶予はあと7年！日本の現状を把握せよ

第3章
「7つの領域」が日本の進化を加速する

第4章 バリューチェーンの再構築

第5章
すべての産業は「統合化」される

第6章 「ブロックチェーン」という革命

第7章 コネクテッド・ファシリティ＆プラットフォームビジネス

第1章

新しい産業が次々に登場する

Ｕｂｅｒというどこにもなかったビジネス

プラットフォームを創れといわれても、具体的に何をどうすればいいのか、たいていの人はイメージさえ湧かないでしょう。

そこで、まずひとつの例として、アメリカのＵｂｅｒ（ウーバー）という会社を例にあげましょう。Ｕｂｅｒは、「一般人が、空いている時間に自家用車で他者を配送する」、いわばタクシーの代わりをするプラットフォームです。

ドライバーは、自分が好きな時間に運転してお金をもらうことができます。一方、お客さんも自分の好きな車やドライバーを選べる上、あらかじめ料金がわかり、しかもタクシーより安い運賃で目的地まで行くことができます。わずらわしいチップも不要です。サービスを供給する側も受ける側もウィン・ウィンという見事なパターンなのです。

この仕組みを考えたおかげで、Ｕｂｅｒは急成長を遂げました。残念ながら日本では規制があるため普及していませんが、全世界65カ国、６００都市以上で利用されているのです。

Ｕｂｅｒのすごいところはこれだけではありません。今では「ウーバーイーツ」といって、地域の人気レストランやチェーン店の名物料理を、すぐに届けてくれるサービスも提供しています。料理を運ぶのは、やはり時間の空いた一般人です。

Ｕｂｅｒは、次なる戦略として自動運転に手を伸ばし、２０１６年にはトヨタ自動車と協業を検討する覚書を締結。さらにトヨタは５億ドル（約５５０億円）を投資することが決まりました。Ｕｂｅｒは、現在も自動運転の開発競争において先頭を走っています。ドライバーのマッチングというひとつのサービスから、次第にビジネスエリアを拡げていき、ついに最先端へ。私はこの流れこそが、今後のビジネスで勝てる鍵だと考えています。

当然ですが、いきなり自動運転に参入するような大企業になれるわけがありません。最初から巨大なプラットフォームを創ろうとすると膨大な投資が必要ですから、まずは簡単にマネタイズ※できるモデルを見つける必要があります。

私はその基盤となる仕組み、つまりプラットフォームを考えそれを市場ベースにのせた者だけが、これからのビジネスの勝者になると確信しています。ひょんな仕組み、私たちの人的サービスだけでもできる仕組みを考え、実際にＩＴ技術を持っている会社などと提携すれば、比較的簡単にマネタイズできると思います。

そして、ちょっとしたプラットフォームらしきものができたら、そこから徐々に業務範囲を拡げていく。言い換えれば、ひとつだけのサプライチェーンで成り立っていた状態から、プラットフォーム的なありとあらゆるものを飲み込むサプライチェーンへと成長させていくのです。

Ｕｂｅｒでいえば、最初にドライバーと乗客のマッチングシステムを考えたこと。これは、ひとつのひょんなアイデアです。

その後、宅配ピザのような既存のビジネスと融合させ、ウーバーイーツを作りました。配車するために、今どんな車がどこにいるのかすべて把握していますから、ここから自動運転という新事業に拡がっていくことは、それほど突飛なことではありません。

ポイントはマネタイズしやすい意表を突くような「仕組みビジネス」「組み合わせビジネス」から始めて、だんだんプラットフォームビジネスに向かっていくこと。一度、雪だるまの芯ができれば、瞬く間に雪だるまは大きくなります。

これまで日本は、こうした「仕組み」や「サービス」を組み合わせて新しいビジネスモデルを生み出すことが不得手でした。しかし、今後は、こうした流れに乗れなければ、日本は勝ち残ることができないでしょう。

※IoT　Internet of Things　すべてのモノやサービス（コト）がネットにつながること
※AI　Artificial Intelligence　人工知能

第4次産業革命の夜明け前

現在、全産業および全業種が第4次産業革命の波にさらされています。IoT※やAI※といった新しい技術が日に日に進歩を続け、すべての産業構造が変革を迫られています。事業領域や事業モデル、組織構造など、そのすべてが変わる夜明け前のような状況です。

人工知能の目的は「画像認識」「会話、言語処理」「制御・運用」などがあり、本書における人工知能とは「制御・運用」を主に指します。その代表例がUberなのです。

2009年に誕生したUberは、現在、企業価値が7兆円に迫るといわれます。日本でも始まった民泊の最大手Airbnb（エアビーアンドビー）は2008年の創業で、企業価値は3兆円を超えています。

一方、日本の企業では、第1位のトヨタ自動車は22兆円、2位のソフトバンクは12兆円と巨大ですが、Uberなみの7兆円を超える企業は、実は8社しかありません。また、Airbnbなみの3兆円規模の企業には三菱電機や三井物産があります（2019年2月現在）。創業からわずか10年ほどの企業に、日本のほとんどの会社は、とても太刀打ちできていないのが現実です。

このＵｂｅｒやＡｉｒｂｎｂは、確かにイノベーションを起こしましたが、別にとてつもない技術を開発したわけではありません。ただ「新しい仕組み」を創っただけで、世界が驚くほどの勢いでビジネスが拡がったのです。

こうした産業の変化は、当然ＵｂｅｒやＡｉｒｂｎｂだけで終わりません。今まで思いもつかなかったマーケティングが促進され、ＡＩを使ったイノベーションによって、あらゆる業種が変革していきます。そして、すべての業種を統合するプラットフォームビジネスが次々と誕生することになるのです。

イノベーションを技術革新だとは訳さない

ここで、まずはしっかりと言葉の定義をしたいと思います。

イノベーションはこれまで「技術革新」と訳されてきました。しかし、考えてみてください。技術的な解決のみがイノベーションを達成する時代は、もう終わったのです。

第４次産業革命の夜明けを迎えようとしている現在、「仕組み」や「サービスの変革」もイノベーションになるということがＵｂｅｒやＡｉｒｂｎｂによって証明されました。

それに加えて、私は「組み合わせ」もイノベーションだと考えています。新しいものを創り出して普及させていく。これこそが、これからのイノベーションだと思っています。

マーケティングも、従来は「市場調査」や「営業活動」と訳されることが圧倒的でした。しかし、それでは閉塞的で呪縛されるような感覚から「営業は嫌だよね」という発想のまま脱却できません。

これからのマーケティングは、顧客が真に求めるモノやサービスをひとりでに売れるようにする「仕組み創り」とその「活動全般」という感覚で捉えるべきでしょう。イノベーションとマーケティング、そのふたつの言葉の定義を見直すだけでも、いかに私たちが固定観念に囚われがちかということを改めて認識させられます。

新しい感覚でイノベーションとマーケティングをおこなっていかなければ、将来的に物事を動かし、顧客を創造していくことはできません。まずは新しい概念をきちんと踏まえることが大切なのです。

さて、内閣府は、『日本経済２０１６－２０１７』という白書を公表しています。そこに書かれた「第４次産業革命のインパクト」という項目を読んでみましょう。

まず、第４次産業革命という言葉ですが、工場の機械化が第１次産業革命、電力を用いた大量生産が第２次産業革命、１９７０年代初頭からの電子工学や情報技術の活用が第３

次産業革命とされています。そして、第4の産業革命がIoTとAIです。
第4次産業革命の具体例として、以下のようなものがあります。

(1) データの活用

・製造業者による自社製品の稼働状況データを活用した保守・点検
・ネット上での顧客の注文に合わせたカスタマイズ商品の提供
・ウェアラブル機器による健康管理
・医療分野でのオーダーメイド治療
・保安会社による独居老人の見守りサービス

(2) シェアリングエコノミー/アイドルエコノミー

・他人の自家用車に乗って目的地まで移動(Uber)
・民泊サービス(Airbnb)
・個人の所有するモノ(衣服等)を利用するサービス
・個人の持つ専門的なスキルを空き時間に提供するサービス
・空いている駐車スペースを利用するサービス

※フィンテック　金融(ファイナンス)と技術(テクノロジー)を組み合わせた造語

・使われていない公園を有効活用するサービス

（3）AIやロボットの活用

・ＡＩを使った自動運転
・ＡＩを活用した資産運用
・介護などでロボットによる補助の活用

（4）フィンテック※

・金融機関やクレジットカードの利用履歴をスマホ上で一括管理
・個人間で送金や貸借を仲介するサービス
・従来の銀行では貸出対象にならない中小企業や消費者向けに、ＡＩの情報解析による迅速な融資

これだけ読んでも、いままさに時代は第４次産業革命に突入したことがわかるでしょう。

世界経済を動かしている3つの要素

では、具体的に、現在の世界経済を動かしている３つの要素について、掘り下げて考え

てみたいと思います。現代の特徴をひと言で言うなら、加速度化した情報社会といえるでしょう。

内閣府は、科学技術に関する未来像を5年ごとに提示していますが、2016年度から2020年度は、「ソサエティ5・0」というキャッチフレーズになっています。狩猟社会が1・0、農耕社会が2・0、工業社会が3・0、情報社会が4・0、これに続く現在が5・0というわけです。こうした現代の経済を動かしているのは、次の3つの要素です。

（1）ボーダーレス……境界なき競争社会
（2）サイバー…………電脳情報社会
（3）マルチプル………乗数・倍数で複合的に動く経済

それぞれについて説明していきます。

まずは（1）のボーダーレスです。現代社会では、情報、資本、企業、消費者の4C※が、国境を超えて世界中を駆けめぐっているという現実があります。

※4C　情報Communication、資本Capital、企業Corporation、消費者Customer

そのことによって、どの業種からでも、どのようなプレーヤーでもキャスティングボートを握ることができるようになりました。ひと昔前は、大企業が小企業を食い尽くす社会でしたが（郊外型大規模店が商店街を潰すなど）、今は動きの素早い企業が動きの鈍い企業を食い尽くす社会に変わりつつあるのです。

これは、スピードの速い外国企業が日本を席巻することでもありますが、逆に言えば、早く気づいた日本企業が外国に出ていくのも自由ということです。もちろん、日本国内の企業間の関係にも当てはまることは言うまでもありません。そして、重要なのは、顧客は日本国内だけでなく、世界中にいるということです。

次に（２）のサイバーですが、まずモノとサービスをインターネットでつなぐＩｏＴが、さらに人工知能のＡＩが、社会に膨大な変化をもたらすということです。近年はクラウドを活用したビッグデータ解析が大きな変革をもたらしてきましたが、それをはるかに上回るものとなるはずです。

またＩＴが飛躍的な発展を続けていて、映像や音などを含めた膨大な量のあらゆるデータを、瞬時に流通させることが可能になっています。

こうしたサイバーの進歩は、経済のパラダイムを変える最大のエンジンだと考えられます。

最後の（3）マルチプルは、予期せぬ仕組みの変革によってお金が動き、工学的な手段によってお金が倍々で膨れあがることを指しています。

たとえば、金融業界を震撼させているフィンテックがこれに当たります。ＩｏＴやＡＩもそうですが、今では当たり前のように使っている言葉も、わずか数年前はほとんどの人が知らない言葉、思いもよらない概念、考えもつかない仕組みでした。

そもそも、インターネットという言葉でさえ、二十数年前にはあまり知られていませんでした。

なにしろ、ヤフージャパンが設立されたのが１９９６年のことなのです。

ところが、誰も知らない言葉、概念も、それが一度知れ渡れば、いきなり大きな大陸のように巨大化し、市場のすべてを独占し、奪っていくような強烈な拡がりを見せます。しばしば言われるのは、最初に始めた人間の総取りです。

まずは、こうしたまだ見えていない大陸のようなものをしっかりと見据え、自分の活動や事業が、どの要素に関係しているのか、立ち位置を知ることが大切なのです。

※クラウド　雲cloud、群衆crowd

3つの「クラウド～」

これからの経済と社会を動かしていくテクノロジーについて、もう少し身近な例で考えてみましょう。私はクラウドコンピューティングとクラウドソーシング、クラウドファンディングの3つのクラウドに代表されるような「クラウド～」が社会に大きな変化をもたらしつつあると考えます。

クラウド※とは、もともとデータを雲の上に置くという意味ですが、いまでは群衆※という意味も多分に含まれています。ここでは2つを合併した概念として説明していきましょう。

まずクラウドコンピューティングとは、巨大な〝情報タンク〟を利用して、情報を自由にやり取りできる仕組みのことです。登場から20年ほどたった言葉で、かなり知られた考えだといってよいでしょう。かつて、ほぼすべてのウィンドウズパソコンに入っていたと思われるマイクロソフトの「ワード」や「エクセル」といったソフトも、いまではオンライン上で作業できます。写真加工で名高いソフト「フォトショップ」しかり、会計ソフトしかり、いまではたいていのソフトがクラウド上にあります。要は、ネットにさえつながれば、世界のどこにいても、自分のパソコンがなくても、仕事ができるということです。

クラウドソーシングは、不特定多数の人の力をネット上で結集し、必要とするサービス、知的生産、コンテンツ等を取得し、成果を上げる仕組みです。たとえば、アプリを作ってほしい、記事を書いてほしい、ロゴをデザインしてほしい、文字入力をしてほしい、アンケートでデータを集めたい……などの仕事を、その場で発注できるのです。

これは、受注者からすれば、ちょっとした小遣い稼ぎとなりますが、もう少し大規模になれば、オープンイノベーションなどにつながります。こちらは、企業や研究機関、大学などが外部からの新しいアイデアや技術、開発力を取り入れ、研究開発のスピードアップと効率化を図るものです。組織の枠組みを超えることで、クローズドイノベーションで抱えていた限界を突破し、新しい市場価値を創出することができるようになるのです。

クラウドファンディングとは、ある目的を持った事業法人や個人に対し、ＩＴなどを活用した専用プラットフォームを使用して、不特定多数の出資者が集まって資金提供をおこなう仕組みのことです。企業ではスタートアップやＰＲなどに幅広く利用されています。

クラウドファンディングを有名にしたのは、２０１６年末の朝日新聞に掲載された「ＳＭＡＰ大応援プロジェクト」の新聞広告でした。これは、ＳＭＡＰの解散報道を受けて、全国１万３１０３人のファンが資金を出し合い、朝日新聞に全８面の全面広告を出したの

図2 世界を動かす3つの要素
（ボーダーレス、サイバー、マルチプル）＋「クラウド～」「～テック」

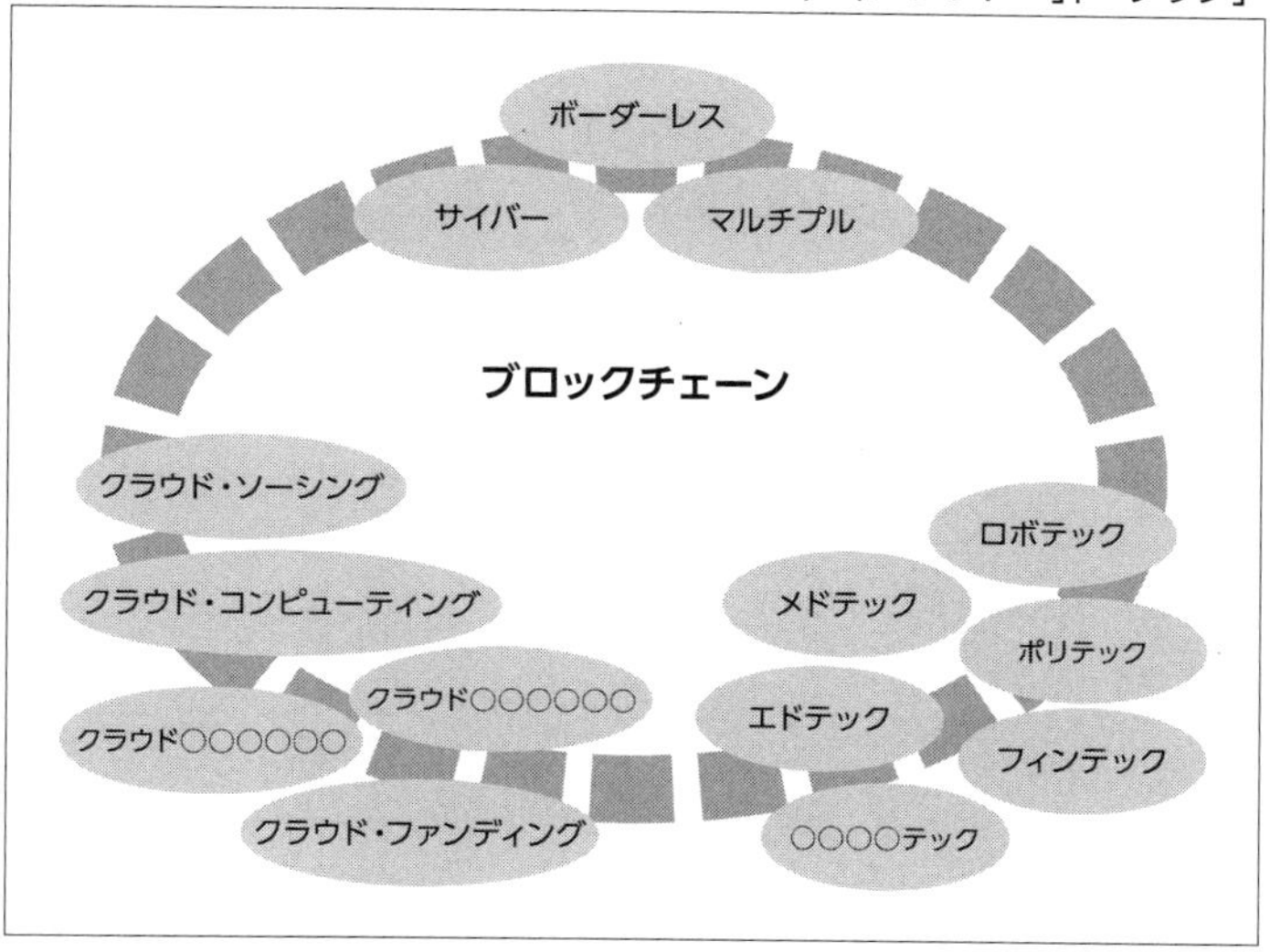

です。

世界初の民間による月面探査レースに日本から参戦したい、ロケットを飛ばしたい、海底探査の国際コンペに挑戦したい……など大規模なイベントがある一方、古建築を保存したい、子育て広場を作りたい、ドキュメント映画を制作したい、など個人的な夢を支援するプロジェクトも多いのです。

もはや今の時代、「お金がない」というのは、やらない理由にならないのです。

「～テック」にも注目

クラウド～に加えて、フィンテックやロボテック、エドテック、メドテックといった「～テック」も世の中を変えていきそうな技術のひとつです。

テックはテクノロジーの略で、前述のとおり、フィンテックの場合、金融（ファイナンス）と技術（テクノロジー）を組み合わせた新語です。

身近なところでいえばスマートフォンを利用した決済システムやビットコインなどの仮想通貨※があります。

同様にロボットと組み合わせたロボテック、教育と組み合わせたエドテック、医療と組み合わせたメドテックなどが、近年では注目を集めています。「～テック」はどれも「クラウド～」によるほか、ブロックチェーンと呼ばれる分散型取引台帳システムによって連携がなされ、複合的発展を目指していこうとしています。ブロックチェーンについては後ほど詳しく説明しますが、改竄（かいざん）はほぼ不可能というセキュリティの高さと、情報をみんなで持ち合えるという利点が進化を支えていくのです。

世界を動かす3つの要素（ボーダーレス、サイバー、マルチプル）に「クラウド～」と「～テック」が加わることで、加速度的に大きな複合的変革が生み出されていきます。実際、現在ではＩｏＴで膨大なビッグデータを集約し、職種・業種を超えた全方位的ネットワーク（これをオムニチャネルと呼びます）で展開するビジネスモデルが当たり前のものにな

※仮想通貨　国家が管理しないデジタル通貨で、ブロックチェーン技術により信用性が担保されている。英語では「crypto asset」（暗号資産）と表記されるため、日本でも「暗号資産」への改名が検討されている

ろうとしているのです。

次の章では、日本でもＵｂｅｒやＡｉｒｂｎｂのような新しい仕組みのビジネスを生み出すことができるか検証してみましょう。

第2章

猶予はあと7年！
日本の現状を把握せよ

ＩＴへの投資をしない日本

２０１８年10月14日付の日本経済新聞が、驚くべき記事を掲載しました。「日本のＩＴ投資不足深刻、２０２５年、システム６割が老朽化」というものです。《日本企業のＩＴ（情報技術）投資が足りない。新しい製品やサービスをつくるためのシステム投資は鈍く、限られた投資の大半が古いシステムの保守や点検にまわっている。経済産業省は２０２５年には６割の日本企業で基幹システムが老朽化すると推計した。ビッグデータや人工知能（ＡＩ）を使うビジネスに、多くの日本企業が乗り遅れる恐れがある。「数十年前に作られたシステムの保守や管理に追われている」。都内で働く49歳のシステムエンジニア（ＳＥ）の嘆きが、日本企業のＩＴ投資の弱さを象徴している》

総務省の調査によると、アメリカはＩＴへの投資が２０１５年に５６００億ドルあり、日本のおよそ４倍もあったというのです。アメリカは１９９４年の２・８倍になっている一方、日本はわずか１・１倍だそうです。

アメリカにはＧＡＦＡと呼ばれる４大企業があります。グーグル、アップル、フェイスブック、アマゾンです。これに加え、ＵｂｅｒやＡｉｒｂｎｂなど、新しい企業が次々に登場しています。

企業価値が10億ドル（約１１００億円）を超える有望な未公開企業を「ユニコーン」と呼びます。

２０１８年6月19日、メルカリが上場した直後の時価総額は７１７２億円で、ユニコーンの定義を軽々とクリアしました。

しかし、日本には次なる「ユニコーン」となる企業が少ないのです。

アメリカの調査会社「ＣＢインサイツ」は、世界中のユニコーン企業を調査し、その一覧を「グローバルユニコーンクラブ」としてまとめています。

２０１９年2月現在、世界に３０８のユニコーン企業があります。そのトップ5は、1位が中国のニュースアプリ「今日頭条（ジンリートゥティアオ）」、2位がＵｂｅｒ、3位が中国版Ｕｂｅｒの「滴滴出行（ディディチューシン）」、4位がワークスペースを提供するアメリカの「ＷｅＷｏｒｋ」、5位がＡｉｒｂｎｂです。

さて、この一覧表の中に、日本企業はいくつあるでしょうか？

実は、わずか1社しかないのです。人工知能を育てるディープラーニングの研究と開発をおこなうスタートアップ企業「Ｐｒｅｆｅｒｒｅｄ Ｎｅｔｗｏｒｋｓ」のみです。

これでは、第4次産業革命を前に、日本の未来を不安視せざるをえません。やはり、日本の未来は暗いのか、と失望した人も多いかもしれませんが、しかし、私はそうは思っていないのです。

日本はバブル崩壊後、「失われた20年」を経て、いまもやや先行き不透明なのは事実です。しかし、私は日本の未来が暗いとは決して思わない。いったいどういうことか、説明したいと思います。

日本は借金大国なのか

よくニュースで話題になる暗い話が、日本の発行する国債が1100兆円に迫り、日本人1人あたりの借金額は860万円程度になるという話です。そこだけを切り取ってしまうと、あたかも日本が借金大国であり、破綻がすぐそばに迫っているように感じられるかもしれません。

しかし、それは間違いです。

日本は28年間続いている世界一の債権大国で、世界一の金貸し国家です。世界中から大金持ちだと思われています。なぜ、そんなに借金ばかりをクローズアップして取り上げる人が多いのか、私にはわかりません。

財務省は、エコノミストたちの批判によって、長らく非開示だった国の財務諸表を公表しています。簡単に言えば、貸借対照表（バランスシート）です。

しかし、私から見れば、日本の借金を強調するために出されたものにすぎず、実態を反映していないと考えます。ここでバランスシートの解説をするつもりはありませんが、私なりに説明してみましょう。

日本には負債が１１００兆円ありますが、純資産も６５０兆円あり、負債から純資産を差し引くと、純粋な債務は４５０兆円くらいになります。「日本には１１００兆円の負債がある」と声高に叫ぶ必要はないのです。

負債（国債）のほとんどは、日本国内で日本円によって保有されています。世界銀行や海外ファンドなどから借りているわけではありません。

そして日本銀行をからめて考えると、さらに違った様相が見えてきます。現在、国債の４割は日本銀行が保有しています。つまり膨大な利子を支払うにしても、それは政府内で循環しているだけで、まして国外に流出しているわけではないのです。

純資産は６５０兆円ありますが、「すぐには使えないお金ばかりでは？」と疑問を持つ人がいます。でも、これも大丈夫です。日本にはすぐに使える金融純資産が580兆円あります。このうち対外純資産（世界に貸しているお金、資産）が350兆円。これは日本が断トツの世界第1位で、2位の中国、3位ドイツ（ともに210兆円ほど）に比べて、圧倒的に多いのです。これが、日本が世界最強の金貸し国家だと世界から認識される理由です。

バランスシートの考え方でいくと、資産とは負債と純資産の合計になります。負債1100兆円と純資産650兆円を足すと、1750兆円になります。これが資産ということです。一方で国民の預金は1800兆円あり、日本全体として見れば、借金はないといってもいいのです。これは国富全体の中で金融資産のみを対象にした話ですが、国民が借金しているというわけではなく、国民が政府にお金を貸しているだけなのです。政府はほとんどの借金を国民から、それも円建てで借りているわけで、日本の国家破綻などありえない話です。

ちなみに、これは私だけの考えではありません。IMF（国際通貨基金）が2018年10月に公開したレポート『Fiscal Monitor』には、《日本の借金は、**2017年で、GDPの283%に相当するが、その半分以上を政府機関が抱えており、**

個人の債権者はGDPの134％相当でしかない》とあります。要するに、借金はGDPの1・34倍しかないというわけです。他の資産も考慮に入れて試算すると、「日本の純資産はプラマイゼロ」と、ロイター通信のコラムニストは書いています。純資産もないが借金もないということです。

こうしたことからもわかるように、債務だけを気にしすぎる必要はありません。現在、日本の国債格付けはS＆PによればA^{+}ですが、明らかに日本より国力が下だと思われる国が高い評価をもらっていたりして、個人的にはまったく納得がいきません。

アメリカには借金時計というものがあります。1989年にニューヨークのマンハッタンに設置された時計で、これを見ると、アメリカの借金は22兆ドル（約2400兆円）です。アメリカは、借金苦で政府閉鎖（シャットダウン）がしばしば起こります。国防や治安、医療などを除く公共サービスが全面停止になるもので、具体的にはヨセミテ国立公園やスミソニアン博物館などが閉鎖したりするのです。しかし、日本で東京国立博物館が閉鎖するなど聞いたこともありません。このことからも、日本の経済状態を心配する必要はないとわかるでしょう。

もっとも、それはいま現在の話であって、これからの未来に関してはしっかり向き合って備えなければなりません。ただし、あえて言いますが、アメリカのように借金を重ねて新しい産業を生み出すという考え方もあるのです。

稼ぐ力はどこにある？

日本経済を支えているもの、つまり「稼ぐ力」はどこにあるのでしょうか？

日本は長い間、貿易で成り立ってきた加工貿易の国、貿易立国として認知されてきましたが、今やこれも固定観念にすぎません。実は、日本の輸出依存度は対ＧＤＰ（国内総生産）比の10％台前半で推移しています。統計により多少の違いがありますが、仮に15％だとしても、85％は内需なのです。

貿易依存度は韓国では４割を超え、ドイツでも３割半ばです。日本より低いのは主要国ではアメリカだけ。ここでも、日本経済に暗い影は感じられません。

財務省が発表した２０１７年度の国際経常収支の状況を見ると、貿易収支は４兆２０００億円程度のプラスですが、第一次所得収支（海外からの利子・配当金）にいたっては19兆８０００億円のプラスです。

サービス収支や第二次所得収支（官民の無償資金協力など）はマイナスですが、大きな

図3 日本は貿易で稼いでいるのではない!

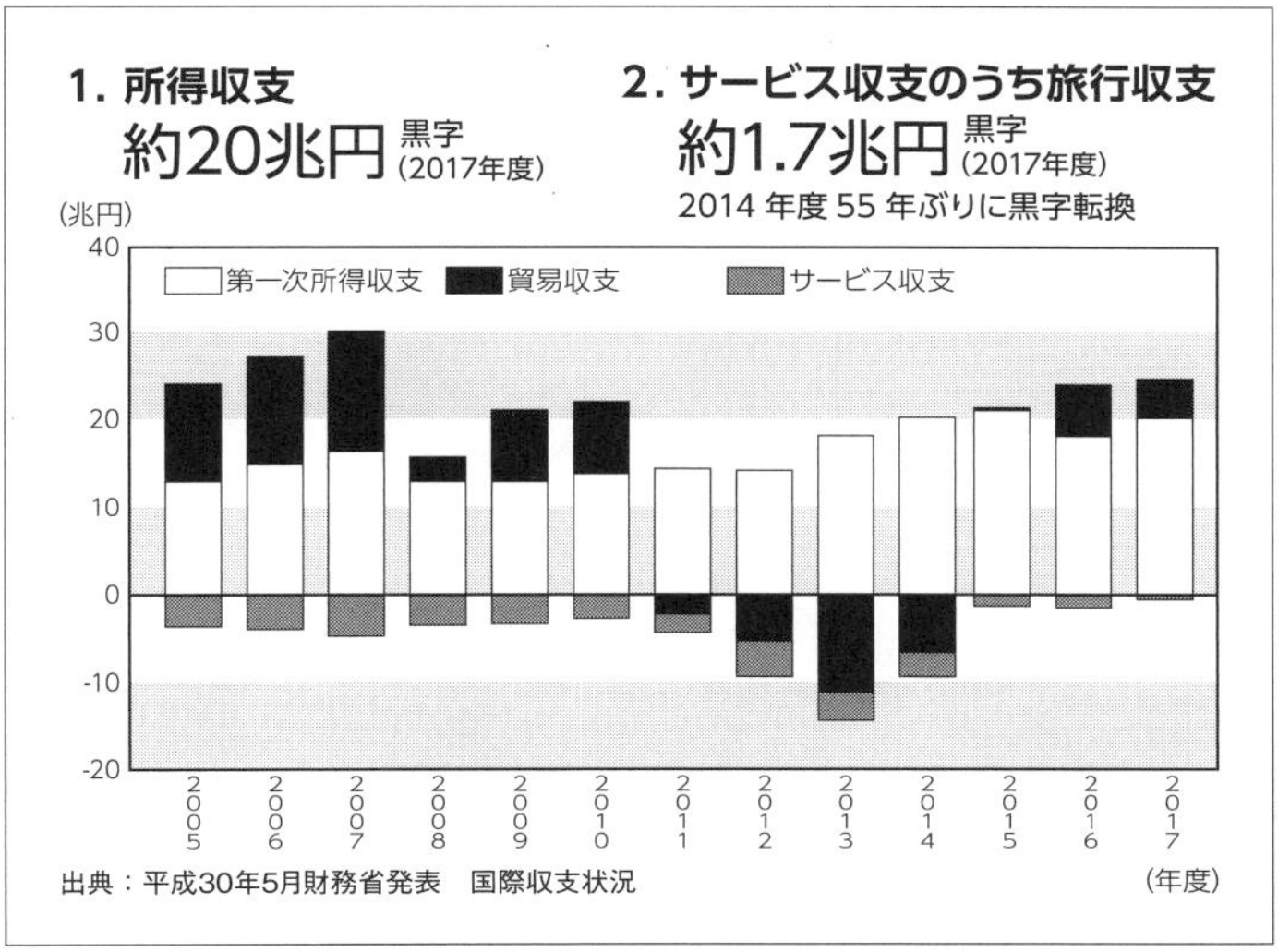

額ではありません。この差し引き20兆円のプラスは、ほとんどが第一次所得収支、いわば海外から集まってくる配当、仕送りです。

貿易収支は、東日本大震災以来、主力にかわった火力発電のために膨大な石油・石炭を購入する必要があり、大きく悪化しましたが、それでも経常収支全体では、最終的に毎年20兆円も稼いでいるのです。

なぜ、日本には、これだけの配当や仕送りがやって来るのか。

たとえばアップルは、欧州本社をアイルランドに置いています。

なぜなら、アイルランドの法人税は先進国で最低水準の12・5%と、きわめて低いからです。世界規模でビジネスをするこうした大企業は、なるべく法人税を支払わなくて済むように、ありとあらゆる手練手管を弄します。そうすると、発祥の地であるアメリカはもちろん、各国で税収が大幅に減ります。

幸いなことに、日本企業は世界本社を日本に置いているところがほとんどのため、世界中からの配当が日本に集まり、その総額が第一次所得収支に現れるのです。

いまだに日本は貿易で稼いでいて、迫りくる新興各国との熾烈な競争下にあるとイメージされている方も多いかもしれませんが、近年では貿易収支がマイナスになることも多く、むしろあまり当てにしてはいけない分野となっています。

さらに日本が稼ぐ上で、今後、特に重要になるのがインバウンド※収支です。また後で詳しく書きたいと思いますが、サービス収支のうち旅行収支（そのうちのインバウンド収入）が上がってきています。

その黒字分が２０１７年度には１・７兆円ほどになりました。

観光産業の充実化は日本国内でできることなので、大きな収入源として育んでいく必要があると考えます。

※インバウンド　inbound　外国人の訪日旅行

日本経済を動かす3つのエンジン

このように、まず日本経済の実態をしっかり把握することが、さまざまな施策を実施するうえで、とても重要となります。先ほども述べましたが、日本は外国からの20兆円規模の仕送り（所得収支）を維持していけば、今後も安泰です。

そして、その状態を維持したうえで、次世代ビジネスモデルを生み出していくためのエンジンを考えてみましょう。私は、日本の得意分野である3つの要素が中心になると考えます。

（1）技術・文化・観光など「日本の魅力」を発揮
（2）環境・低炭素革命・強靭化
（3）人生100年時代に向けての健康長寿

この3つのエンジンを統合化や融合化を通じて大きく回し、一方で、日本が苦手とする、組み合わせやマネタイズにどう結びつけていくかが今後の鍵となります。

それでは、具体的に3つのエンジンについて考えてみましょう。

日本経済を動かす1番めのエンジン

まず、世界から日本に向けられる視線を考慮し印象を強くするため、どうすれば(1)の「技術・文化・観光など日本の魅力」を発揮できるか考えることが重要です。

最近では食や景観、清潔さ、美しさ、クールジャパンなど、日本らしい魅力が次々に発信されています。日本が得意中の得意である技術や技能、知恵、農林水産物、ロボテック、ソフトパワー、安全、ホスピタリティなど、多くの資源に外国人の注目が集まっているのです。加えて、日本の「人財」も評価が高いのは言うまでもありません。まさに人は財産なのです。

日本は前回の東京オリンピックが開催された1964年から50年以上にわたって「先進国」として位置づけられています。並みいる先進国のなかでも、国富の大きさや対外債権の規模、ソフト面とハード面のどちらも経済的・社会的インフラが充実しており、世界に類を見ないほど恵まれています。

その上、日本は文化大国でもあります。最近、インバウンドによって証明されてきまし

図4　世界をリードするプラットフォームの構造

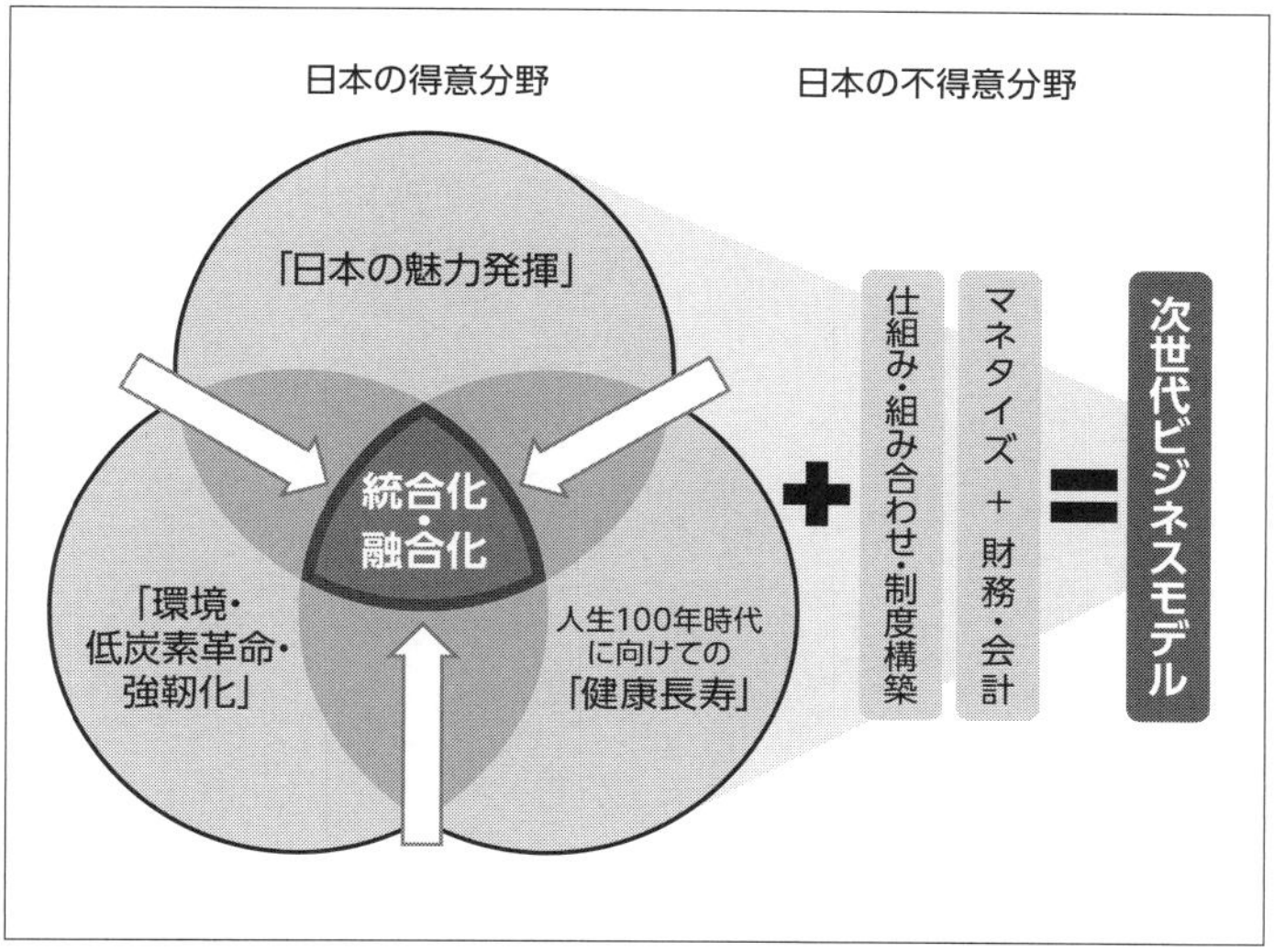

たが、世界を魅了するアイテムが多く、高品質の技術を各方面に持っていることも高い評価を受けています。

経済的にも文化的にも、日本は間違いなく世界に冠たる成熟先進国家です。日本では自国を語るときに自信が持てずに自虐的な発想を持つ人も多くいますが、世界からは、客観的に見て高い評価を受けているということを忘れてはいけません。新しいビジネスを切り拓くためにも、日本のいいところに目を向けていくことが大切だと考えています。

日本経済を動かす2番めのエンジン

（2）の「環境・低炭素革命・強靭化」

とはなんでしょう? 日本にはさまざまな技術がありますが、特に省エネの能力や二酸化炭素の削減力は突出しています。悪化した環境を素早く回復させる能力や改善技術、新エネルギー、メンテナンス、水処理なども得意分野です。さらに、災害が発生しても、被害を最小限に食い止める力、被災した箇所を短期間で復興させる力、すなわち強靭化の力も秀逸です。

すでに「国土強靭化アクションプラン」も制定されました。地震や水害といった大規模自然災害が頻発するなか、危機感を持った政府は、国土強靭化の取り組みを計画的に進めていくことにしました。

たとえば、現在、隅田川沿いなどに、新たな船着き場が次々にできています。しかし、普段はチェーンが張ってあり使用できません。これは、いつか必ず起きる大地震に向け、東京都が準備しているもので、災害時の物資輸送に活躍する見込みです。もともと日本では、大地震が起きても、あっという間にインフラを復興させるのですから、こうしたさらなる取り組みも、大いにアピールしていくべきです。

ただし、この分野は単体ではなかなか事業になりにくく、先にあげた1番めのエンジンの要素と連動していくことで産業に結びつけるのが肝要です。

図5　「昔の1億人」と「将来の1億人」では事情がまったく違う

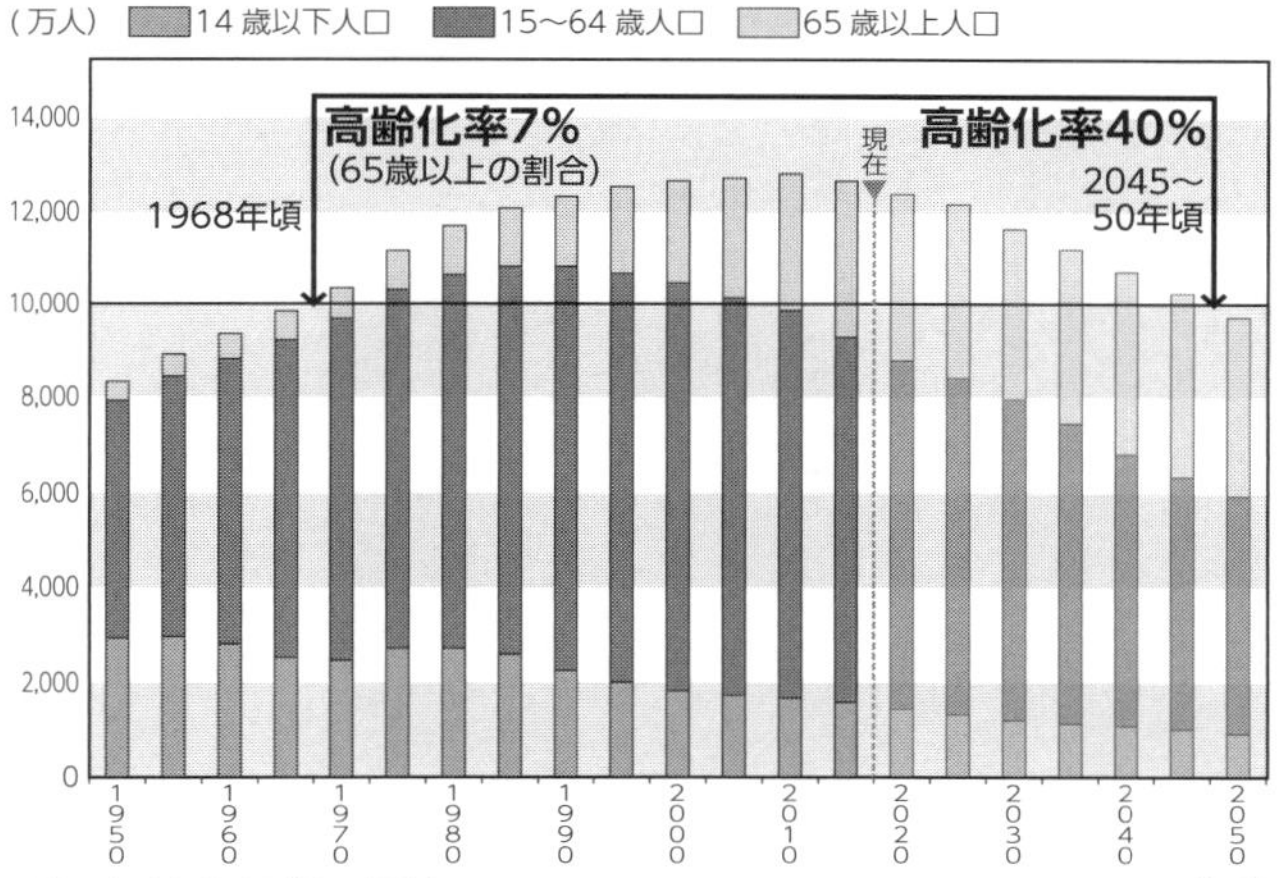

出典：総務省統計局「人口推計」

日本経済を動かす3番めのエンジン

日本経済を動かしていくエンジンの3番めが、「人生100年時代に向けての健康長寿」です。

ここまで、日本の経済は好調で、世界に誇る技術や文化があると話しました。しかし、もちろんいいことばかりではありません。日本が抱えている負の側面も見ていく必要があるでしょう。

それは、先進国随一のスピードで進行する少子高齢化社会と、それにともなう人口減少の現実です。少子高齢化には適切な処方箋が少なく、どうにも悲観する気持ちになってしまいますが、打つ手はあります。

私は２０２５年くらいまでに対策を練れば、まだまだ日本の繁栄は続くと思っています。

その理由を説明しましょう。日本の人口は減り始めています。国勢調査は５年ごとにおこなわれており、最新報告は２０１５年。この時点で、日本の総人口は約１億２７０９万５０００人です。近い将来で見てみると、２０２５年の人口予測は約１億２２５４万人とされています。その差は約４５５万人で、総人口自体が急激に減るわけではありません。

ところが、働くことのできる生産年齢人口となると話は別です。２０１５年に７７００万人だったものが、２０２５年には７１００万人となり、６００万人も減少するのです。

これは第一次ベビーブームで生まれた団塊の世代が、２０２５年あたりから後期高齢者入りするのと重なります。その傾向は加速度的に進み、２０４０年には、65歳以上の高齢者が36％に達すると見込まれています。

現状の予測では、２０５０年あたりに日本の人口は1億人になります。過去に1億人を突破したときと、未来に1億人へ減少するのでは、状況がまったく違っています。１９６８年頃は、1億人のうち、65歳以上の高齢者は7％しかいませんでした。それが将来的には、約40％が65歳以上になると予測されています。

これは大問題ですが、こうした問題を世界に先駆けて解決していけば、世界中が日本をモデルにするでしょう。この3番めのエンジンはまだまだこれから育てていくものですが、未来を支えるエンジンとなることは間違いありません。

少子高齢化の解決方法

生産年齢を「供給」、総人口を「需要」と考えた場合、需給バランスが売り手市場のうちに対策を練る必要があります。

少子高齢化の解決のために、日本で簡単に考えられる手立てとして、現在65歳程度の生産年齢人口の線引きを75歳まで引き上げるのもひとつの手段でしょう。「人生１００年時代」に向けて、高齢者に元気なまま長生きしてもらうための方法を考えなければいけないのです。

人口と生産年齢人口を引き上げるための根本的な解決方法は、現状では見つけられていませんが、だからといって悲観してばかりはいられません。

前述したように、現在は内需によって国内の経済は安定しています。しかし、生産年齢人口が7000万人に近づく2025年より前に対策をしなければ、日本は沈みゆく船となってしまうでしょう。残された時間はわずか7年。その間に日本初の新しいビジネスモデルをどれだけ構築できるかどうかが、今後も成熟した先進国家として生きていけるかどうかのわかれ道なのです。

逆に言えば、元気に働ける高齢者を増やすことができれば、それは世界が求める知恵となるでしょう。では、どうすればいいのか。批判も多い日本の医療介護保険制度ですが、アメリカなどと比べると誰もが使いやすい、世界でも稀に見る素晴らしい制度です。

就業構造、医療・介護、年金・保険、健康長寿といった要素を総合的に勘案しつつ、「人生100年時代」のための施策を再構築するべきです。少子化対策、教育変革、健康増進、癒し、余暇、スポーツ振興などを加えて得意分野の産業にしていき、いわゆるピンピンコロリを増やすことが目標となるのです。

参考までに書いておきますが、世界経済フォーラム（WEF）が2018年10月に発表した「世界競争力報告」によると、日本の総合順位は5位。「健康」分野は世界一でした。世界的に見ても、日本の健康技術には注目が集まっているのです。

地方創生のアイデア

日本が抱える大問題は、少子高齢化にともなう地方の疲弊もあります。ですが、地方の活気を取り戻すことは不可能ではありません。地方復活のアイデアを紹介しましょう。

先に、Ｕｂｅｒは日本では規制により普及していないと書きました。その規制が撤廃されないのは、タクシー業界の反対によるものです。そのため、業を煮やしたＵｂｅｒは、ひとっ飛びに「空飛ぶクルマ」の実用化を目指し始めましたが、これはまだまだ先の未来です。

Ｕｂｅｒが日本に参入できない最大の理由は、第二種免許（営業車の運転許可）がなければ旅客を乗せてはいけないというルールです。

しかし、国土交通省は、過疎地などで高齢者の移動手段を確保するため、自家用車による有償の運転を認めています。「自家用有償旅客運送」といわれるもので、すでに市町村が主体となることも可能です。

この仕組みが全国に拡がっていけば、老人しかいないような過疎地でも、みな自由に移動ができるようになるのです。

実は、Uberは、この仕組みを使って、唯一、京都府京丹後市で解禁されています。「ささえ合い交通」として2016年5月から運行を開始しており、今後も、Uberのようなシステムは地方で解禁されていくでしょう。シェアリングエコノミー／アイドルエコノミーなど、今までになかったビジネスモデルを、新たに既存ビジネスと組み合わせていくのです。そして、その動きが都会にも伝播することは間違いないように思います。

なお、都内では「相乗りタクシー」の実証実験が始まっています。複数の乗客をスマートフォンの配車アプリで束ねて、運賃負担を減らすのが狙いです。いままでタクシーに乗らなかった層の掘り起こしを狙っているのです。

不得意分野を踏まえて

前述した3つのエンジンを取り入れ、上手に統合化・融合化していけば、新しいビジネスを生み出すきっかけになるのは確かです。しかし、日本の不得意分野もしっかりと踏まえておかなければなりません。

日本はモノを作るのは得意ですが、仕組みづくり、制度構築はあまり得意ではありません。UberやAirbnbは、日本ではなかなか生まれにくいビジネスモデルです。

それに加えて、日本の技術者やエンジニアは財務会計概念が希薄だと思います。何よりマネタイズ、お金を得る算段とお金を集めてくる仕組み、課金の仕組みを構築するのが得意ではありません。安易なマネタイズでは、ビジネスは決して拡がらないのです。

たとえばグーグルは、ネットのユーザーから直接お金を得ているわけではありません。検索以外のユーチューブ、グーグルアース、ストリートビューなども一般課金はしていません。

では、どうやって稼いでいるかというと、ネット広告で莫大な収益を得ているのです。日本もネット広告市場がかなりのスピードで拡大していて、２０２０年には20兆円規模になろうとしています。このことからもわかるように、マネタイズの手法は、アメリカなどを手本にして、日本も真摯（しんし）に学ばなくてはならないと思うのです。

マネタイズの手法を取り入れなければいけないのは、スポーツ分野もそうです。日本ではスポーツに対し、精神性を重視してきました。教育やスポーツはお金と分離して考えるという日本独自の精神世界がありましたが、２０２０年に東京オリンピック・パラリンピックが開催されるにあたり、そろそろ切り替えなければならないでしょう。

ここまで日本の得意分野と不得意分野をあげてきましたが、それらを混ぜ合わせたところに次世代ビジネスモデルが存在するのです。今後は、すべての産業・企業・事業がマネタイズと財務会計概念のフィルターを通っていかなくてはなりません。その流れをいち早くつかみ、新しいイノベーションを実現していくのが勝者になるための条件です。

国内の社会・経済を動かすメカニズム

財務省が公表した「法人企業統計」によると、企業がため込んだお金、いわゆる内部留保が金融・保険を除いて446兆円に達したことが明らかになりました。実に、6年連続で過去最高を更新しています。

それだけ、企業が資金の使い道に迷っていることがわかります。お金を使わないと景気がよくならないのですから、ここはどうあっても企業に内部留保を有効な施策に変えて、市場に投入してほしいところです。

それについて、安倍首相はかなり突っ込んだ対応をしています。

アベノミクスは「大胆な金融政策」「機動的な財政政策」「民間投資を喚起する成長戦略」を3本の矢としています。その文脈の中で法人税減税が実現し、同時に制定されたのが、2014年の「スチュワードシップ・コード」と、2015年の「コーポレートガバナンス・コード」でした。

これは民間投資を喚起するための方策で、まさに内部留保を吐き出させるのが目的だったのです。

スチュワードシップ・コードとは、機関投資家の投資指針のことです。コーポレートガバナンス・コードとは、上場企業の行動規範のあり方のことです。

スチュワードシップ・コードには、

「明確な行動指針を作る」

「投資先企業の状況を的確にチェックする」

「投資先企業と目的を持った対話をする」

などのルールが定められています。

一方のコーポレートガバナンス・コードには、

「株主の権利・平等性の確保」

「株主以外のステークホルダーとの適切な協働」

「適切な情報開示と透明性の確保」

「株主との対話」

などの基本原則があります。

つまるところ、企業の「持続可能性」を高めるため、投資家も企業側も「透明性を維持」しながら、「適切な話し合い」をしようということです。

具体的には、

・ESG※（環境、社会、ガバナンス）を守っているなら投資しましょう
・CSV※（共通価値・共有価値）があるなら出資しましょう
・SDGs※（持続可能な開発目標）があるなら応援しましょう

ということです。

もちろん、これ以外にも指針はありますが、企業として明確な目標・用途を設定することで、キチンとお金を使う道が開けてきたといえるのです。

日本経済の4大リアクター

スチュワードシップ・コードとコーポレートガバナンス・コードがガッチリとしたシリンダーを作り出し、法人税減税というピストンによって、国内に446兆円ある内部留保が押し出されて、投資などに回されるようになりました。

※ESG　Environment（環境）、Social（社会）、Governance（統治）
※CSV　Creating Shared Value　共通価値の創造
※SDGs　Sustainable Development Goals　持続可能な開発のための17のグローバル目標

図6　国内の社会・経済を動かすメカニズム

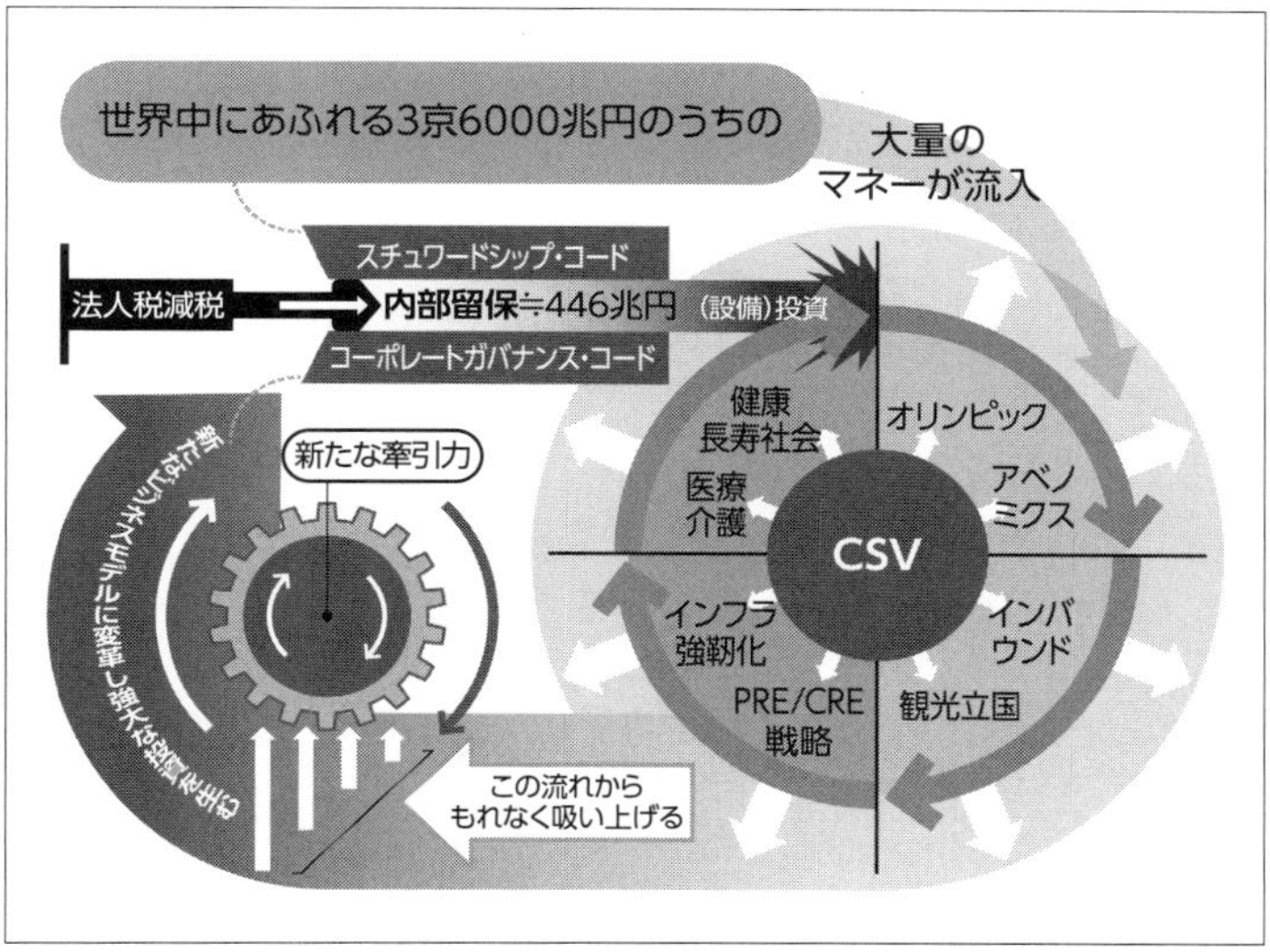

同じようなことが世界中で起きています。

世界的に見れば、投資はさらに加速して、世界のＧＤＰにあたる９０００兆円の４倍、実に３京６０００兆円が世界中にあふれました。もちろん日本にも、その投資のお金はもたらされています。

シンガポールマネーや中国マネー、マレーシアマネー、中東マネーなどが次々に市場に投下されています。

こうした莫大なマネーが合わさって、日本でも社会経済の大きなリアクターが回り始めました。

前述した部分と重複がありますが、代表的なものを４つあげておきます。

(1) スポーツ振興の需要

まずは東京オリンピック・パラリンピックによるスポーツ振興とその周辺の需要です。そのことでアベノミクスが堅持されました。

(2) インバウンドの需要

先に触れた観光立国化やクールジャパンなどによってもたらされたインバウンドの需要です。これに起因したインフラの再構築、不動産や建物の開発などが起こっています。

(3) PREとCRE

PRE※（公的不動産）戦略とCRE※（企業が保有する不動産）戦略です。これは後ほど詳しく説明しますが、JRや日本郵政など、大量の固定資産を持っている企業から、次世代に向けたビジネスと施設体系を真剣に考えるようになっています。こうした、土地や建物をどう有効活用するかという計画を再構築していくことが重要になっています。

(4) 健康長寿社会

これは、まだできあがっていない未来の話が大部分です。現在、日本では医療・介護ビジネス、少子高齢化社会にともなう次世代産業モデルや健康長寿社会の構築、教育再構築が議論されており、さまざまな事業が計画段階にあるところです。「人生100年時代」

※PRE　Public Real Estate
※CRE　Corporate Real Estate
※PL　Profit and Loss statement
※BS　Balance Sheet
※CF　Cash Flow statement

への胎動とともに、大きく動き出す分野です。

（1）～（3）までは現実に動きだし、国内の経済は大きく回りだしました。単一ビジネスとしてではなく、ビジネスとビジネスが混ざり合い、複合ビジネスとなって、それがさらに大きなネットワークで展開していきます。こうした原動力に支えられ、その中から各種の差別化経営をした企業がこれまでになかったビジネスモデルやプラットフォームを生み出し、それが新たな牽引力となってさらに大きく経済を回していくのです。

時代はBS主義からオペレーション主義へ

この章の最後に、ビジネスに際して、「儲ける考え方」が変わってきていることを説明しておきましょう。それは、BS主義からオペレーション主義への変貌ということです。

企業の成績表には損益計算書（PL）※と貸借対照表（BS）※、キャッシュフロー計算書（CF）※という3つの財務諸表があります。企業の価値を判断するのは常にPLとBSのみで、CFは参考資料にすぎません。

単純にいえばPLは利益の状況を示し、BSは資産の状況を示します。建物は、資産の中における固定資産という扱いになります。一般的な企業では3～4割くらいが固定資産としてのCREを持っているイメージです。それを前提に企業が保有する施設とPL、BSの関係を考えてみたいと思います。

当たり前ですが、事業を始める際、自己資金を出します。自己資金だけでは足りない場合、借り入れ（借金）をして事業をしなければなりませんから、資金調達をします。

集めたお金を投資し、企業は施設を造って運用をおこないます。そこで売り上げを上げて利益を出したら、それを貯めて資産を増やします。

これが循環していきます。投資して運用したお金の一定部分は資産となり、一方で耐用年数の分割分の減価償却が費用となります。売り上げから経費および減価償却などの費用を引いた残りが利益です。その中の純利益が利益剰余金となって、再び資産の一部になります。これが循環して、経営が続いていきます。

施設建築とPL、BSの関係性は深く、昔は利益が出た企業は不動産を買って自社ビルを建てるということを当たり前のようにおこなってきました。

ところが現在では、日本の企業の考え方はBS主義、つまり資産主義から、事業で利益を持続的に上げ続けるオペレーション主義への転換が進んでいます。

簡単にいうと、自社ビルなどの不動産や資産の保有をやめて、中核事業に集中し、そこから事業を拡大していくことで収益を上げていこうという考え方です。

なぜ資産を持つことをやめるのでしょうか？

それは資産、特に不動産や施設を持ち続けると価格変動リスクが大きいからです。不動産の価値が目減りしたら、会計で減損しなければなりません。せっかく事業で大きく利益を上げていたとしても、減損会計によって大きく持っていかれてしまうのです。

結果、不動産を持って価格変動のリスクにさらされることは、経営上リスクでしかないと考えられるようになりました。不動産のように価値が変動するものは極力減らして、事業で利益を出すことで会社運営していくオペレーション主義が主流になってきたのです。

事業をするための必要最低限の施設は保有するとしても、無駄な不動産は持たないのが原則です。オペレーション主義では、施設（建築物）で使えない部分（スペース）が大きければ大きいほど失敗と見なされます。施設のスペースを余すところなく使い倒す。建物をフル活用して、稼ぎに直結する施設にすることが重要です。

企業が持つ資産であるBSをプールに喩(たと)えてみましょう。

今までは大きなプールを持つことがステイタスであり、よい経営だとされてきました。

図7 PLとBSの関係は、水道管とプールのようなもの

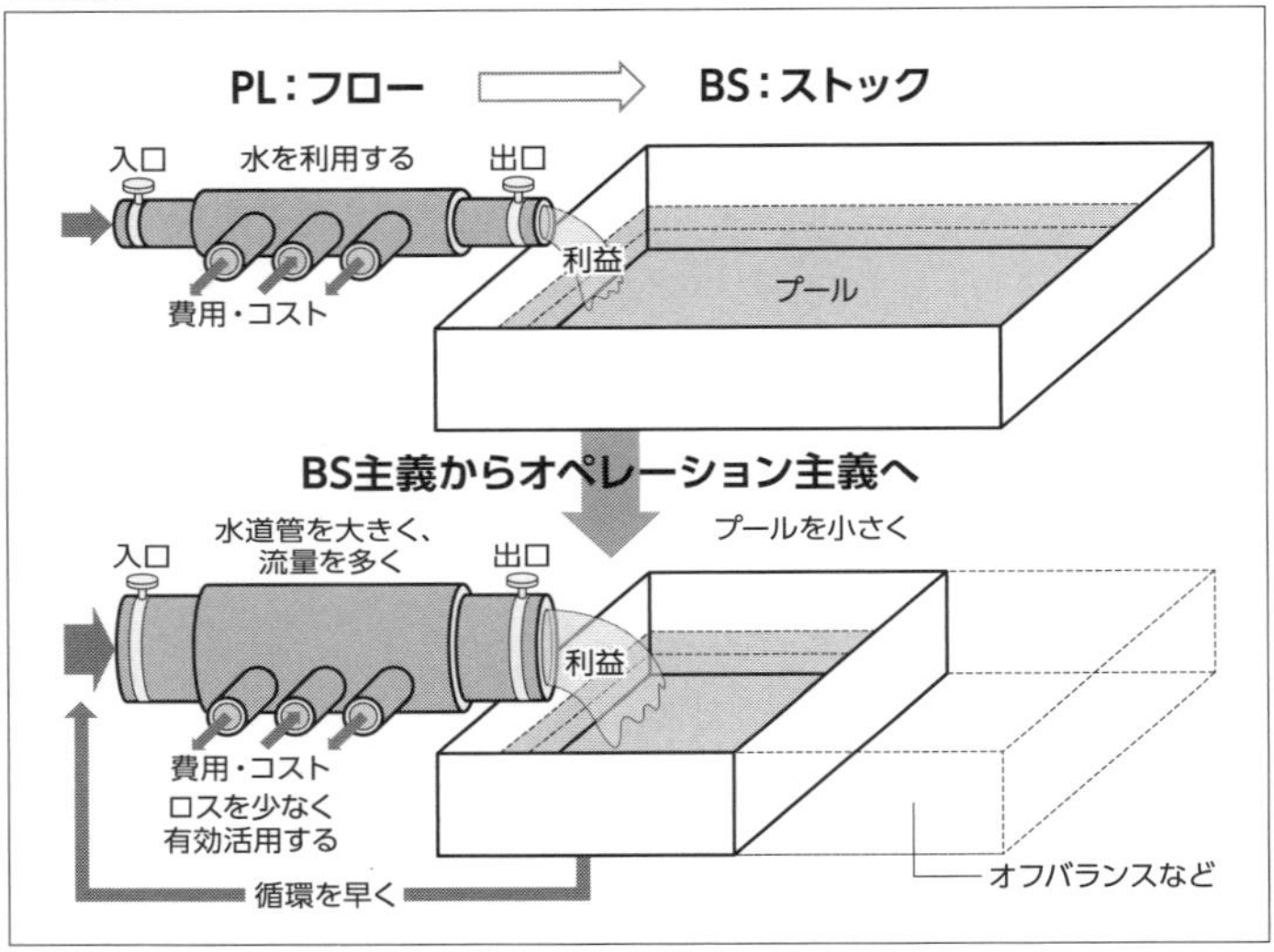

対して、ＰＬはプールに水を注ぐ水道管のようなものです。

しかし、今後は違います。大きなプールはロスが多かったので、それを小さいプールに替えて、逆に水道管（収入）のほうを太くします。そうするとロスのなくなったプールには勢いよく水（利益）が入り続け、循環がよくなります。これがオペレーション主義なのです。

今、日本国内では４００兆円を超える内部留保資金が投資に回ろうとしています。日本の企業はＢＳ主義からオペレーション主義に大きく舵をきって、経営手段に変化が見えています。

これは、よく考えれば、いわゆるＩＴ企

業の考え方に通じています。グーグルもヤフーも、日本では自社ビルを持つという考えはありません。まるで「飽きたから次の場所へお引越し」といった軽い感じで、数年ごとに本社を移転する企業も数多くあります。これがＢＳ主義からオペレーション主義への変化です。こうした軽やかさが、次々にプラットフォームを創り出す原動力になるのです。

しかし、最大の問題は、総人口の減少と生産年齢人口の減少が同率になる２０２５年まであと7年の猶予しかない点です。あと7年以内に日本の進路を確定させなければ、日本から明るい未来が消滅してしまうかもしれません。

では、私たちは何をするべきなのか？　プラットフォームを構築するには、何が必要なのか？　次章でさらに詳しく説明していきます。

第3章

「7つの領域」が日本の進化を加速する

ニュービジネスの起点となる「7つの領域」とは

前章では、日本の現状を把握し、ビジネスモデルが大きな変革期を迎えていることを説明しました。

国内で400兆円を超える資金が投資されようとしている好機を逃さずに、日本の不得意分野である「仕組み・組み合わせ・制度構築」と「マネタイズ+財務・会計」で次世代のビジネスモデルを創造することが大切なのです。

そうしたニュービジネスやプラットフォームが大きな牽引役となって、さらに経済を大きく回していこうとしています。

私たちもその流れをしっかりとつかまなくてはなりません。ニュービジネスやプラットフォームを構築し、経済の大河から流れてくるビジネスをどんどん吸い上げて、それをさらに次のビジネスの種にして、内部留保の投資を引き出すような着火剤、スパーク剤になっていかなければならないのです。世界経済の中で埋もれないために、日本という国自体も変わっていかなければならないのです。

私は建設業界が出自の人間なので、どうしても建造物が何らか関係するビジネスが中心になってしまいますが、日本の進化を加速するポイントは、建造物に限らず、社会基本構造という意味のインフラにあると考えています。特に、以下に掲げる「7つの領域」こそが重要だと考えます。基本骨格は2013年末に提唱したものですが、今後もブレることなく続いていくと確信しています。

(1) 技術先進国の堅持
(2) クールジャパンの国づくり
(3) インフラ・不動産の再構築と強靭化
(4) 健康長寿と少子高齢化対策
(5) スポーツビジネスと余暇
(6) 情報流通の変革
(7) 金融ビジネスの変革

まずはこの「7つの領域」を詳しく説明していきます。

3.インフラ・不動産の再構築と強靭化
4.健康長寿と
少子高齢化対策
5.スポーツビジネス
と余暇
7.金融ビジネスの変革
BANK

図8 施設建設にまつわる「7つの領域」

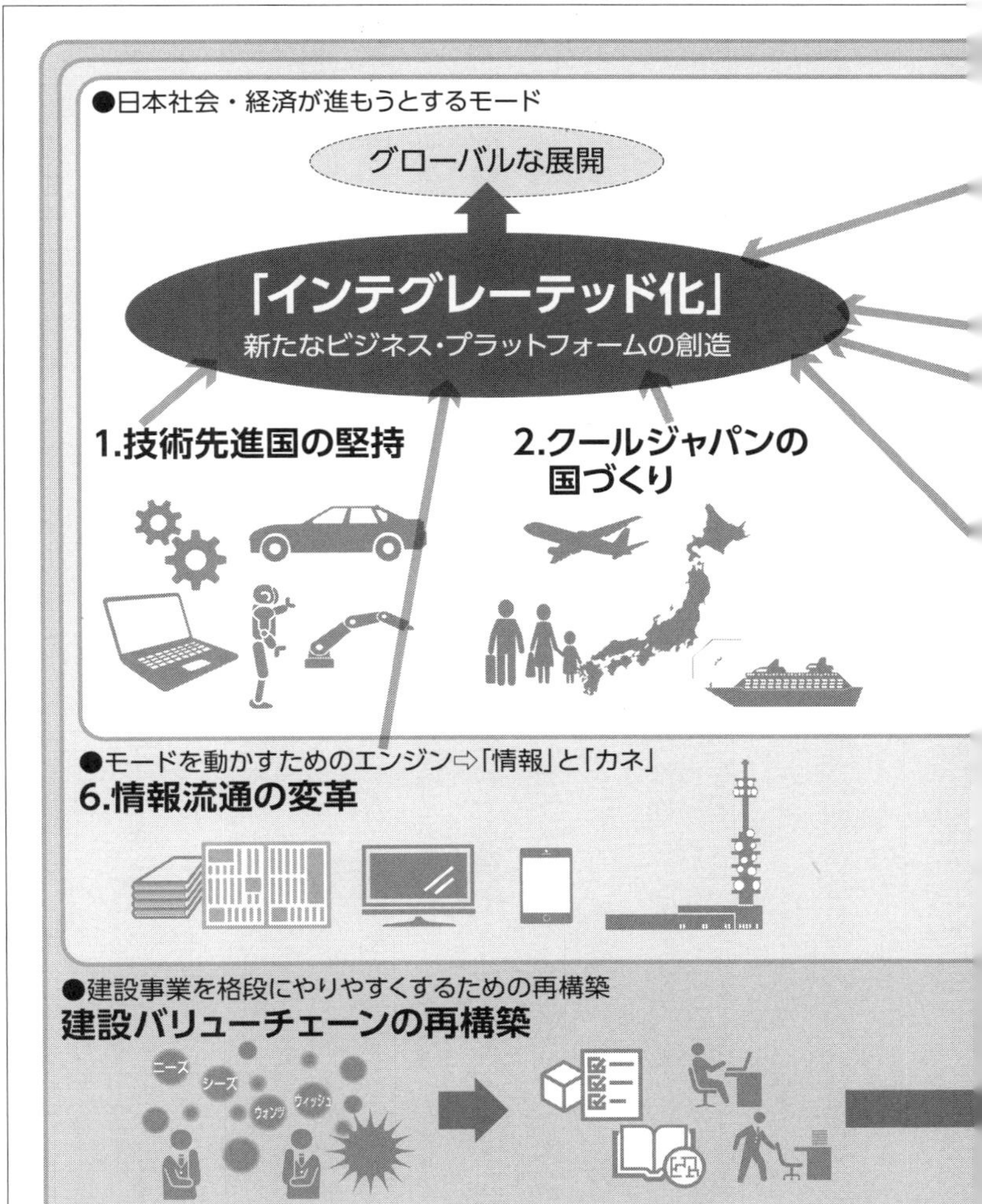

（1）技術先進国の堅持

当面は日本が一番稼ぐことができるのが製造業です。主要産業であることは間違いないのですが、一番変化の時期を迎えている分野でもあります。いま国内総生産（GDP）は約550兆円で、そのうち製造業が持つポテンシャルは100兆円ほどあります。さらに流通などの周辺領域を含めれば200兆円規模になります。その一方で、昔、教科書で習った京浜工業地帯や中京工業地帯、阪神工業地帯というのは幻想となってしまい、もはやそういう世界はなくなってしまいました。京浜工業地帯でいえば、工場は6割ほどしか稼働しておらず、すでに4割は空き地や物流基地に変わっています。

鉄鋼など基幹産業と呼ばれる第2次産業はまだまだですが、第3次産業はどんどんグローバル化が進んでいます。多くの製造業が国内にインテリジェンス部門だけを残して、必要な生産や販売は海外市場の近郊でやるという形に変化しています。そこで稼いだ富を、国内の中央部門や中枢部門にすべて集めようとしているのです。これが大幅黒字となっている第一次所得収支の正体です。

これまで、日本国内にすべてを含有するような巨大本社が存在していました。もちろん、

※R&D　Research and Development
※ROA　Return On Assets

それ以外に工場、R&D[※]（研究開発）施設、人財教育施設、厚生施設、物流施設などを個別に配置し、さらに日本中に支社がありました。

現在は、大量生産して大量消費するというスタイルから日本は脱却しつつあります。それにともなって、生産ラインはプロトタイプを作るものだけがあればいいようになりました。日本国内には、端的にいえばインテリジェンスだけを残していきます。マーケティング機能とイノベーション機能があればよいのです。具体的にはコア管理機能とR&D機能、先進的なモノやサービスといった先進モデルの生産機能が必要最小ライン、それと人財を育成・養成する機能です。

さらに国内に残すインテリジェンスは、別々にせず一括統合したいとも思っています。そこで、短い動線で行き来できるような合理的な施設になればいいのです。

統合するメリットは、ROA[※]（総資産利益率）が上がることです。統合してひとつの場所でおこなうことで、収益は大きくなり資産は少なくてすみます。

前章でも説明したとおり、企業はBS主義からオペレーション主義に移ろうとしています。統合されて空き地になった工場跡地などは売却したり、別用途で有効活用したりすればいいのです。無駄な資産を大きく減らすことで、当然ROAは高まります。

わかりやすい例はアップルです。アメリカ国内に自前の生産機能は持たずに、台湾の鴻海（ホンハイ）などにアウトソーシングしています。これをファブレスといいます（ファブは工場、すなわち工場を持たないということ）。

最近、アップルは工作機械や製造装置などへの投資を復活させていますが、基本は無駄な設備投資はおこなわない方向に行くべきなのです。

つい数年前まで、製造業は個別の技術開発を重要視していましたが、最近は統合的な仕組みをしっかり創っていかないと生き残れないという思いに駆られているようです。

具体的には、利益を生まないコストセンターを極力減らし、利益を生み出すプロフィットセンターの機能を最大限に高めていく方向に向かっています。

多種多様な製造業がありますが、インダストリアル系からケミカル系、食品系など、あらゆるジャンルの製造業が、共通して目指しています。

また製造業には、そこから派生する流通や運搬など、すべてを大きなシステムの中に組みこもうという潜在需要があります。まだできあがっているわけではありませんが、そのシステムを創り出さなければいけないという機運が高まっています。「港湾をいかに使うのか」「航空をどう使うのか」「そこからラストワンマイルはどうするのか」とすべてを合

※MC　Management Contract　管理運営受託。ホテルなどの運営を専門業者に委託すること

理的に変えていこうとしています。

製造業に欠かせないサプライチェーンが変わろうとしているのです。周辺領域の100兆円とは、そうした部分を含み、それらが連携して変わっていきます。

経営から運営を分離していく時代

先ほど、国内にはマーケティング機能とイノベーション機能があればいいと言いました。ですが、当然、管理機能も必要です。この場合の管理機能とはヘッドクォーターという意味合いで、本社が日本になければ全体の収益を集められません。独立採算でやってしまうと、そこの国に法人税や利益が全部落ちてしまいます。

今まで海外に工場や販売所などを持っていた製造業は、すべて自分の直轄の子会社でやっていました。これもだんだんと考え方が変わってきています。フランチャイズ＋リース方式やマネジメント・コントラクト（＝MC※）方式など、運営の部分を資本と経営から分離しようとする流れが来ています。

マネジメント・コントラクト方式は経営ノウハウだけを渡して、後はロイヤリティで稼ぐという考え方です。まさに資産を持たない経営で、理由はROAを良好にするためです。

資産を減らして純利益を上げることの重要性に企業が気づきだしたのです。

第3次産業では、日本にも多数あるグローバルブランドのホテルが、このマネジメント・コントラクト方式を積極的に採用しています。ハイアットなどを持つハイアットホテルアンドリゾーツや、ヒルトンを持つヒルトン・ワールドワイド、リッツ・カールトンなどを持つマリオット・インターナショナルなどが代表例です。それぞれの国や地域でホテル経営をする企業にブランドと運営ノウハウを提供しています。日本のホテルブランドでは「星のや」などで知られる星野リゾートが積極的に展開しています。

それと同じような変化が、製造業にも起きています。ただし、製造業の中でも温度差があって、ドラスティックに変化しようとしているところもあれば、緩やかに変わっていこうとしている企業もあり、考え方はさまざまです。

必要なのは、直接の関係者でなくても、そうした製造業の新しい経営概念を理解しておくことです。

昔は日本国内で日本人が作った「メイド・イン・ジャパン」がブランドでしたが、今は日本企業のノウハウとともに作る「メイド・ウィズ・ジャパン」に変わりつつあります。今後は「ディレクト・バイ・ジャパン」や「プロデュース・バイ・ジャパン」に変化していくのだと思います。もう少し補足します。「メイド・イン・ジャパン」とは、経営用語でいう「垂直分業」で、「メイド・ウィズ・ジャパン」とは「水平分業」だと考えればいいかと思います。

かつて、日本企業は設計から製造、販売まで、すべて自社グループ内で完結させていました。これは、【大メーカー→子会社→孫会社→曽孫会社】という支配・被支配の構造に基づきがちです。こうしたガチガチの構造であれば、そこに参入するには、並大抵の労力では不可能でした。

しかし、その後、日本でも水平分業が進みます。これは、技術の開発、原料の調達、部品の製造、組み立て、品質管理、販売などを、それぞれ別々の企業で協力し合う仕組みです。ｉＰｈｏｎｅの設計とデザインをアップル本社が担当し、製造は台湾企業、アフターケアは電話会社やその販促会社が担うようなことです。

今後は、この流れがいっそう加速し、本社が統括的な指示を出すだけの「ディレクト・バイ・ジャパン」や「プロデュース・バイ・ジャパン」になるのです。

そして、これまで日本がお家芸としてきた「ものづくり」を超えて、新たな仕組みやサービスを加えた「営みづくり」を創出していくことこそ、未来を拓く重要な鍵となるのです。

オムニチャネルの拡大

さらに変化の要素は多岐にわたります。最近、あらゆる業種にオムニチャネルが拡がっています。オムニチャネルは、２０１１年、アメリカの百貨店メイシーズが取り組み始めたのが最初です。

ネットの普及で、一番困ったのが実店舗です。消費者は、実店舗で商品をチェックしてから、価格の安いネットショップで購入するようになりました。そのため、オンラインで買った商品を店舗で受け取ったり、店舗でチェックした商品をその店のオンラインで購入させたりするような流れが生まれました。顧客と企業の接点となるすべてのチャネルを連携させ、顧客満足度を向上させる仕組みです。顧客を囲い込むので、機会損失を減らす効果があります。

オムニチャネルの先頭を走っているのが、オムニ7を展開しているセブン－イレブン・ジャパンです。

セブン－イレブンは実験店舗を作っています。店ではセンシングにより、買いに来た人がどういう動きをするのか、従業員がどういう動きをするのかがわかります。

図9 オムニチャネルはあらゆる業種に拡がっていく

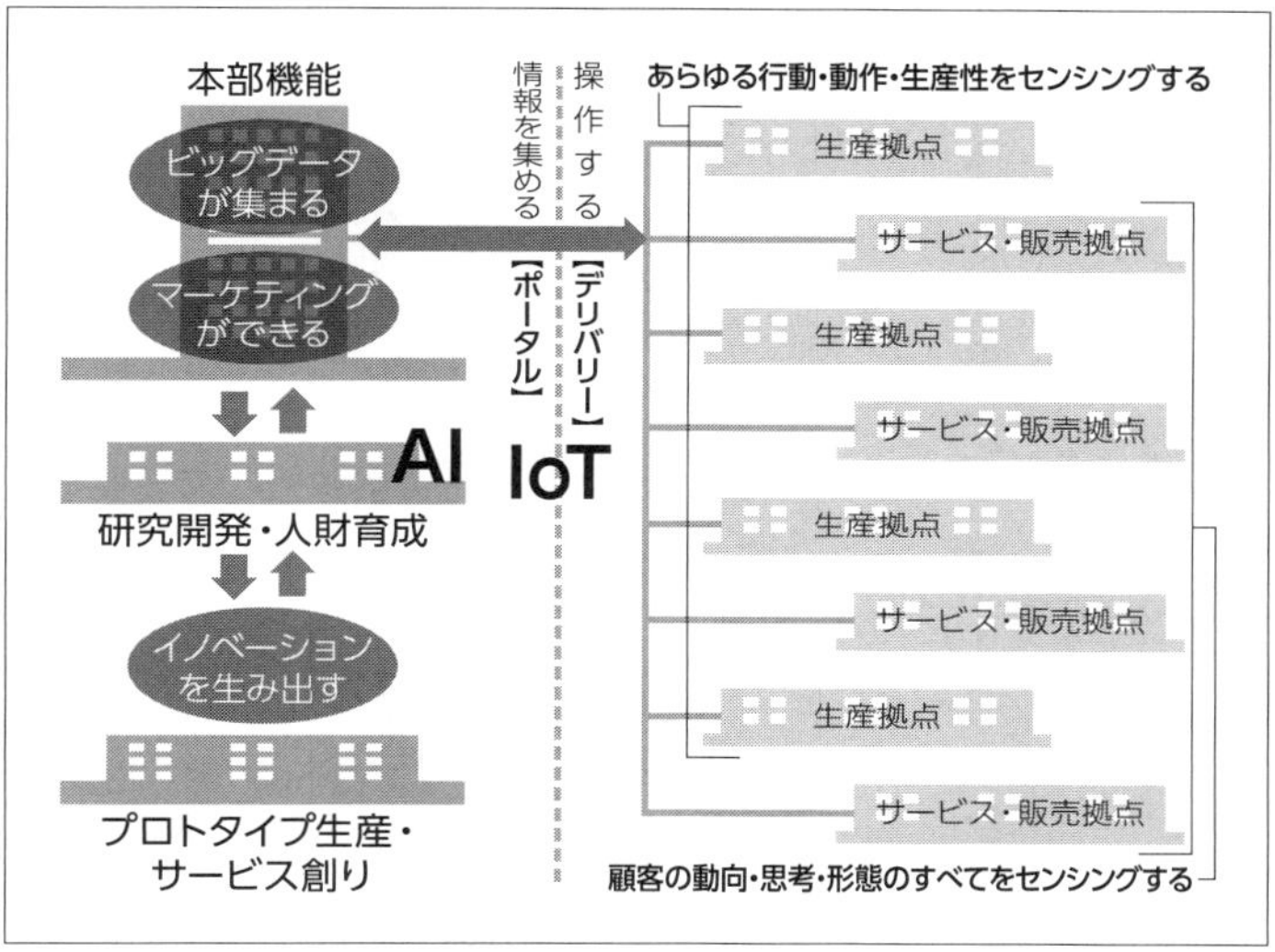

さらには商品もセンシングしています。一緒に買われた商品はなにか、買おうとして買わなかった商品はなにか、購入者の年齢、性別、時間などすべてセンシングし、データ化しています。それを基に商品はもちろん、店舗設計などの開発をおこなって実店舗に生かしているのです。

あらゆる行動や動作がセンシングされ、それを集めるとビッグデータになります。その膨大なデータは大きな資源となって、そこからマーケティングができます。

セブン-イレブンであれば、新しいカレーを商品化したとして、それが旧製品に比べてどれほど売り上げが変わったか、消費者の反応がどう変わったかまでわかるのです。これなら着実によりよい商品が開発できるでしょう。

また、お客様の動線を合理化して、購入しやすい店舗デザインにして、購入しやすく（ネットなら課金しやすく）するようなマーケティングもできます。

ビッグデータの有効利用は流通業界で加速していますが、このような仕組みを作り上げたい製造業でも、ＩｏＴとＡＩの研究が進んでいるのです。

今後、自社で持つものは集約していき、自社で持たないものは外部委託してエキスだけ集める方向性が明確になります。ここで、外部委託先をどうやって選ぶのか、と考えることが、プラットフォーム化の考えにつながるわけです。ネットのマッチングシステムなのか、イベントやフェアなのか、店舗窓口なのかは商材によるでしょうが、ビジネスとして無限の可能性があることに気づくでしょう。

セブン-イレブンの例で、もうひとつ重要な指摘をしておきます。人気商品には、想像以上の地域差が出ることがわかっています。その地域差もビッグデータで分類し、さらにローカライズされた商品開発をおこなうという研究も進んでいます。

同様に製造業も、世界中、その地域に見合った商品をより合理的な製造ラインや製造システムで作っていくようになるでしょう。そうした細かい情報も、プラットフォームにはすべて集まってくるのです。

ＩｏＴ活用の現場とは

製造業やサービス業など業種にかかわらず、現在は製品やサービスの仕方、従業員、顧客など、すべてのものが行動心理学、行動経済学に基づいて分析されるようになっています。

とはいえ、せっかく集められたデータも、ビッグデータとして分析できているかといえば、そこまでは到達していません。まだまだ活用できずに、データが宝の持ち腐れのようになっている部分も多いのですが、そう遠くはない未来、ビッグデータはもっと活用されていくでしょう。

そのとき欠かせないのがＩｏＴやＡＩです。ＩｏＴは始まったばかりですが、やがてＡＩとつながって、ロボテックなどで自動生産、自動搬送、自動販売へと進化していきます。

ＩｏＴというのは、すべてのモノやサービスがネットにつながることですが、これがどうしてビジネスに応用できるのかわからないという声をよく聞きます。これも具体例をあげましょう。

２０１８年3月、首相官邸で開かれた「地域経済・インフラ会合」で、建機メーカー・コマツが進めるスマート林業について話し合われました。コマツの建機にはセンシング機能がついており、稼働率や燃費などすべてのデータが集まります。一定時間機器を動かしたら、ユーザーに「オイルを交換してください」「メンテナンスが必要です」などの連絡が行く仕組みも構築しています。

コマツのプラットフォームには、建機や輸送トラックの稼働データ以外にこんなデータが集まります。

ドローンによる森林の空撮映像／森林の立ち木情報／木材価格／製材工場の需要／チェーンソーからの造材データ……

こうしたデータを総合し、伐採地の確定、生産計画の作成、集材場所の指示などを正確に管理できるようになりました。おかげで、資源調査で１ヘクタールあたり４人日の省力化が、造材・配送で同12・5人日の省力化が実現したそうです。

こう書くと、人間はいらなくなってしまうような印象を受けるかもしれませんが、それはありえません。仕事には人間が必要な部分と不必要な部分があります。新しい変革は、産業革命が起きたときと同じで、絶対に新たな雇用形態を生み出すのです。

基本的にはＡＩが司る部分は、どんどん拡がっていくと思います。だからこそ、より先の仕組みを創れる人が必要になっていくでしょう。

（2）クールジャパンの国づくり

第2の経常収支資源として旅行収支がクローズアップされてきました。観光ＧＤＰは現在10兆円の規模ですが、これは将来的に50兆円まで見込めると思っています。その理由をお話しします。

今ではインバウンドという言葉も当たり前に使われるようになりましたが、初めて訪日客が１０００万人を突破したのは意外に最近のことで２０１３年です。２０１７年は２８６９万人、２０１８年は３１１９万人となりました。２０１４年に初めて収支がプラスに転じ、日本は対外観光という売れる外需資源を得たのです。

観光資源として重要視されるのが「気候」「自然」「文化」「食」だといわれていて、日本はその4つすべてを持っています。また、近年は「安全」もクローズアップされていて、その点でも日本は安心感があり、観光客が来るようになりました。「気候」「自然」「文化」「食」「安全」の5要素をより促進させる施策が必要です。マーケティング展開もオムニチャネルのように多方面からしなくてはなりません。

日本は観光立国になるポテンシャルを十分に有しています。観光先進国は観光GDPが全体GDPの10%を占めています。だから日本も、500兆円の10%で50兆円の可能性を秘めているのです。

当初は政府が単独でPRをしてきましたが、これからはもっと戦略的に国がらみ、民間がらみで考えていく必要があります。伸びしろを最大限増やして、50兆円を稼ぎ出すことが、今後、日本が生き残るために必要な要素のひとつです。

国際競争力が高く、魅力のある地域（リージョン）が多い日本ですが、リージョン網というのは点で考えてはいけません。点ではなく面として連動させていくことと、観光資源をサービスとしてきちんと提供できる人財の育成を急がなければなりません。

スポーツビジネスや医療ビジネス、コンベンションや展示会を多角的な手段でツーリズムに組み込んでいくことも重要です。

まだ議論の最中ですが、将来的にはカジノなどのIR※（統合型リゾート）もあるでしょう。

なお、コンベンションや展示会というのは地味に聞こえますが、今後、大きな鉱脈にな

※IR　Integrated Resort
※MICE　Meeting、Incentive、Conference、Exhibition

ると想定されています。一般にＭＩＣＥ※といい、会議・研修、招待旅行、国際会議、展示会の４つの頭文字を合わせた言葉ですが、世界全体の国際会議の開催件数は年々増加傾向にあるにもかかわらず、日本では極めて開催が少ないのです。観光庁によれば、２０１７年、世界全体で国際会議は1万２５６３件開催されたものの、日本では４１４件しかありませんでした(世界7位)。これこそ、日本のプラットフォーム力の弱さを如実に示しています。

前述のとおり、インバウンドで日本を訪れた人は、２０１８年は３１１９万人でした。しかし、30年以上にわたって観光客数が世界一のフランスには９０００万人が訪れていますし、世界第2位のスペインも８０００万人ですから、まだまだポテンシャルはあります。

２０１６年初頭まで政府のインバウンド目標は２０００万人でした。それをあっさりクリアしてしまったので、今度は２０２０年までに４０００万人へと格上げされました。

では、２０３０年に政府目標の６０００万人にするにはどうしたらいいのでしょうか？フランスやスペインにあって日本にないものは、陸路の入国ルートです。それをカバーするために空港や港湾を整備して、今まで以上にインフラと観光をつなげることが重要で、それが今、まさに整備されつつあります。

フランスやスペインなみの観光大国になるためには、まず大都市と地方都市、地方部をインフラでつないで、さらにラグジュアリーホテル（最高級ホテル）から一般的なホテル、旅館までチェーンを形成する必要があります。

実は、観光収入自体はフランスやスペインではなく、アメリカがダントツなのです。これはラグジュアリーホテルの多さが理由です。観光客数だけでなく、実質の収入を得ることに重きを置く考えも大事だとわかります。

日本のインバウンドが盛り上がってきた当初は、観光地はまだ点にすぎませんでした。そのうちゴールデンルートができました。ゴールデンルートのひとつは東京から入国して、新幹線に乗って京都に行き、大阪から帰国するものでした。

それ以外は北海道から入って東京に来て帰国するもの、または東京に来て沖縄に寄って帰国するくらいで、ゴールデンルートには限りがありました。

そこからわずか3年ほどで、さまざまなネットワーク網が形成されてきました。数年前までは、たとえば飛騨高山に足を延ばすようなシルバールートの開発が必須だといわれていたのに、あっという間に、シルバーはおろか、ブロンズルートにも外国人訪日客が訪れるようになりました。

全国がネットワークでつながるようになってきており、今後もそのネットワークを拡げ

※PFI　Private Finance Initiative

ていくためには、インフラとインフラがつながる結節点により大きなパワーを注入する仕掛けが必要です。この仕掛けには、人だけではなく施設も必要です。ハブ施設になる新幹線の駅ビルや空港、中核都市などに、さらに人が集まるものを造り出さなくてはいけません。これもまた、プラットフォームの力です。

リージョン網を拡げるためには、線ではなく面に変えていく必要があります。それには、「産」「官」が融合することが必須条件です。民間だけでは無理で、官の覚醒が絶対に必要であり、最後には「学」も必要です。

まずは産官の双方がウィン・ウィンとなる関係を構築しなければなりません。たとえば、今までは公園に利益が上がるような施設を造ってはいけませんでした。そこからパークマネジメントをおこない、公共施設も利用し、民間施設へとつなげていくような施策が必要です。さらに地域や人財のホスピタリティを育成し、観光客に「ぜひ来てください」とアプローチできる構造を整備する必要もあります。

人を呼び込むには仕掛けが必要です。婚活パーティやお祭り、イベントなどを開催して、人々を「滞留」させなければなりません。

なお、パークマネジメントに熱心なのは東京都です。PFI[※]（民間資本による公共サービスの提供）的な手法で日比谷公園の資料館を修復したり、上野公園にオープンカフェを開設したり、上野動物園に広告モデルの動物解説板を設置したりしています。また、「日比谷公園ガーデニングショー」「うえの桜まつり」など数多くのイベントも開催しています。こうした公園で、外国人を上手にナビゲートしたり、イベントに参加させたり、はたまたインスタ映えするような展示を始めたら、多くの外国人が集まるでしょう。

人を「対流」させよ

私は、プラットフォームにおける本質を「対流」「回流」だと考えています。「滞留」から「対流」への変化は、ネットでもリアルでも同じです。ネットでしたら、サイト内をめぐることで、次々に新たな情報に出会えるのが理想です。リアルでしたら、移動と交流から人々の「対流ビジネス」が生まれるのです。

交通インフラ・物流インフラ・ITインフラなど移動や手段の整備が進むにつれ、観光・商業・農業・教育・医療・居住といった広い分野で、日本人と外国人、都市住人と地方住人、年齢差や性差を飛び越え、お互いに刺激し合えるビジネスが発生するはずです。

たとえばリニア新幹線が開通すれば、２地域における居住がさらに現実味を帯びてきます。都市と地方の人や物の交流が活発になって、新たな事業体系を育む土壌になるでしょう。

もちろん施設だけで対流ビジネスを構築するのは無理なので、アイドルエコノミーやシェアリングエコノミーの考え方を導入させます。

アイドルとは芸能界の話ではなく、ｉｄｌｅ、つまり「使用されていない」「遊んでいる」という意味です。

エンジンの空ぶかしのことをアイドリングといいますが、こうした遊休状態のものを有効活用することです。シェアリングエコノミーも遊休資産の活用という意味で、ほぼ同義です。

楽天の三木谷浩史社長やサイバーエージェントの藤田晋社長らが中心となって作った新しい経済団体「新経済連盟」は、２０１５年の段階でシェアリングエコノミー推進のための提言をおこなっています。

そこには、さまざまなもののシェアが記載されています。

・空間のシェア　空き家　会議室　駐車場　農地……

・乗り物のシェア　自家用車を誰かに貸す　自家用車を乗り合いで使う
・モノのシェア　オークション　フリーマーケット　レンタルサービス
・空き時間、人手のシェア　家事、買い物代行　介護や育児の代行　知識の共有
・お金のシェア　寄付　クラウドファンディング　投資家のマッチング
・体験のシェア
・電波のシェア……　など

ありとあらゆるものが共有される時代となりました。今、日本全国で空き家、空きスペースが増えて問題化していますが、コンプライアンスの整った民泊制度を作って、きちんと活用させていくようなことが、観光ビジネスには必要だと考えています。

ラグジュアリーホテルが鍵

クールジャパンの国づくりで、一番儲かる施設は間違いなくラグジュアリーホテルです。それはアメリカの観光収入を見れば明らかです。1人あたり1泊5～10万円あるいはそれ以上のラグジュアリーホテルが日本にはまだまだ足りません。いま数十棟単位で新規計画

※MICE　Meeting（会議・研修）、Incentive（招待旅行）、Conference/Convention（国際会議）、Exhibition/Event（展示会、イベント）
※IR　Integrated Resort　統合型リゾート

が進んでいますが、インバウンドをさらに活性化させるため、宿泊に最大限、注力しなければなりません。

さらに宿泊を促進させる仕組みとして商業施設やスポーツ施設、ＭＩＣＥ※、遊戯施設、ＩＲ※といった複合的施設を造り、多くの観光資源を集めていく必要があります。そのうえで、観光地や景勝地とチェーンでつないでいくべきです。もちろん、大阪万博のようなイベントも大きなエンジンとなり得ます。

日本政府も、インバウンドには乗り気です。成功させるために、まず政府は「ビジット・ジャパン戦略」を掲げました。それ以前の訪日観光客は年間４００万人ほどで、ビジット・ジャパン戦略後の２０１０年にやっと８００万人になりました。日本政府のアピールも必要ですが、訪日観光客が増えた要因はほかにあると考えています。

トリップアドバイザーやエクスペディア、ロンリープラネット、ミシュランガイド、ジャパンガイドなど、外国人旅行者がよく見るウェブサイトやガイドブックで日本が大きく取り上げられるようになったことが大きかったと思います。

現在は、そこからさらに観光客が増えています。理由は以前とまた変わっており、ＳＮＳｔｏＳＮＳのダイレクト伝達なのです。たとえばインフルエンサーと呼ばれる人が日本にやってきて、インスタ映えする写真をアップすると、世界中へ瞬く間に拡散し、爆発的なマーケティング効果を発揮します。

少し前まで想像もできなかったマーケティングの拡がりです。その現象はオムニチャネルに近くはないでしょうか？

これからは民間と国が一緒になって、オムニチャネルをうまく活用した戦略や展開が必要になってくると思います。

ＳＮＳマーケティングのすごいところは、ダイレクトの体験がダイレクトの個人に向かうことだと思います。情報量も膨大です。特に欧米などは顕著で、中国は多少キャンペーン的なところがあるように見受けられます。国や企業のキャンペーンなどさまざまな形がありますが、そうした情報を参考にして訪日する人が増えていくのは確実です。一時期は爆買いに注目が集まりましたが、今はモノよりもサービス買い、コト買いに変わってきています。日本で治療する医療ツーリズムなどがいい例です。

そして、ＳＮＳは、日本各地のディープな場所へ、ピンポイントで観光客を送り込む効果をもたらしました。意外に気づかないポイントですが、これはかなり重要な意味を持っています。

図10　クールジャパンの国づくり

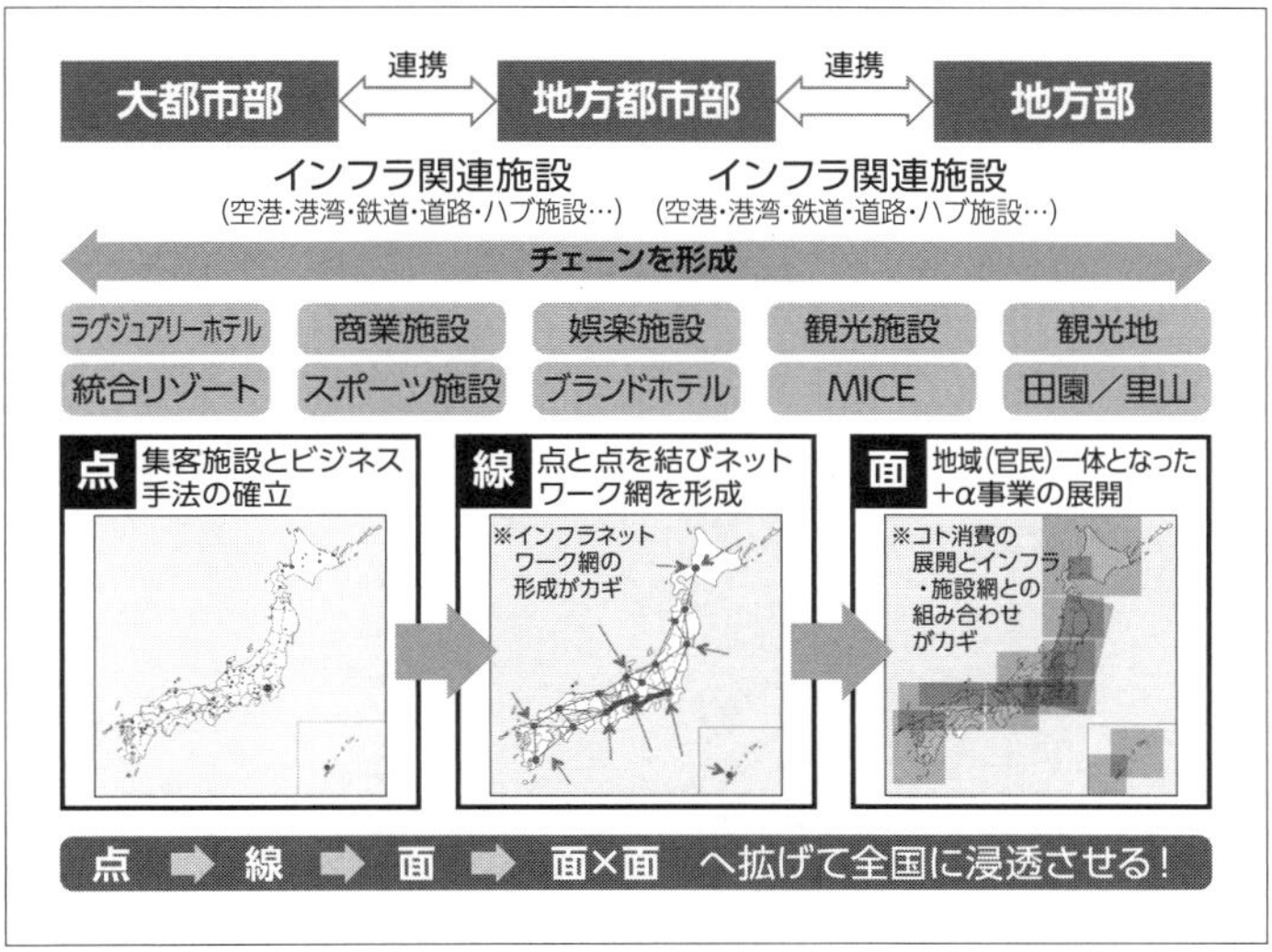

クールジャパンの国づくりは点から線、線から面、面からより大きな面というつながりをしっかり作り出せるかが勝負です。各地域は観光客を呼ぶ努力をしなければなりませんが、ＳＮＳ ｔｏ ＳＮＳのダイレクト伝達のような動きを取り込んで、上手に施策へ結びつけることが勝負どころでしょう。

繰り返しますが、クールジャパンの国づくりはポテンシャルが高いので、これをテコにやっていけば日本の経営資源とすることができます。

私のいる建設産業は２０１０年頃に40兆円だった市場が、現在は50兆円超になり、活況を呈しています。わずか２割、10兆円規模が拡大しただけで大忙しになったわけですから、観光産業の10兆円の市場規模が40〜50兆円になったら、雇用も大幅に増えて業界全体が潤うはずです。

なお、ここではあまり触れませんでしたが、日本人自身の観光を増やす施策も重要です。そのためには、GWや年末年始など固定期間に限らない休暇取得の促進も必要となります。「そこの地域はここが休み」というように、分散型の休暇を促進していくべきです。そうすれば、日本全体の内需拡大につながり、より経済が回っていくはずです。

(3) インフラ・不動産の再構築と強靭化

インフラ・不動産の再構築と強靭化は、私が携わっている建設業界の視点で見れば、施設を扱うという一番の資源がたくさん眠っているところになります。その市場規模は60兆円ほどですが、ニューインフラが設置される可能性もあり、資産ベースで数百兆円規模のポテンシャルを持っているのです。

まずは現状を確認してみましょう。今後、日本は高度成長期以降に造られたあらゆるインフラや施設が事実上の償還を迎えていきます。

東京などの大都市は新陳代謝が激しいためわかりにくいかもしれませんが、地方に行っ

※コンバージョン　Conversion　既存の建物を用途変更して再利用すること

てみると、まだほとんどが高度成長期ごろの施設ばかりだとわかります。今は、まさに次の償還に向けて、複雑なプログラムを解決して、次世代産業モデルを構築するタイミングなのです。

しかし、そうした時代の流れから目を背けて、同じようなものをただ規模を拡大して同じように造ろうという動きもあります。当然、今よりは先進的なものにはなるでしょうが、これはとんでもない話です。

経済は必ず成長するという前提で、今までの施設は造られてきました。もちろん、これからもある程度の経済規模は維持していくでしょう。しかし施設建築が、今までの成長モデルをベースとするのは間違っています。次の償還時期に向けて50年、もっと言えば100年間は使う新たな施設を造るのに、今までと同じ考えを踏襲するのは間違っています。

施設建築の場合、やり方はいろいろあります。既存のものを利用する、改修・存続させる、コンバージョン※といって用途を変える、今の施設に新しい施設を増築する、改築する、統合する、すべて新築する、既存の施設を減築して残す、除却（使用せずに解体）するといった方法です。将来的には、ほとんどが、これらの組み合わせになるでしょう。そこに、アイドルエコノミー／シェアリングエコノミーなどの活性化手法をどこまで発案し、投入できるか。いかに最良の組み合わせを選択できるかは、官民共通のテーマとなります。前述のように、公共の不動産戦略のことをＰＲＥ※戦略、企業の不動産戦略のことをＣＲＥ※戦略といいます。

より大きな視点と枠組みで構築されたインフラや不動産を目指すには、まず持っているすべての施設をポートフォリオ化しなければなりません。ポートフォリオ化することで、全体を一覧化できます。そうした準備を経ることで、必要な施設同士、違う用途同士を集約させ、組み合わせていけるのです。

さまざまな用途の施設をいくつも持つのではなく、いろいろな手法を使って最善の組み合わせを創らなくてはなりませんが、現状、統合的におこなわれてはいません。ＰＲＥであれＣＲＥであれ、大きな意味でＲＯＡ（総資産利益率）を向上させていく。これは都心部も田舎も同じです。今後、まだ人口が増えると予測される都市部には新築が増えるでしょう。しかし、全体的に見ると、日本の人口減少とともに新築の度合いは少なくなり、改修の度合いが高まると思います。

いずれにせよ、「組み合わせ」「集約・統合」が未来の鍵を握るのです。

※PRE　Public Real Estate　公的不動産
※CRE　Corporate Real Estate　企業が保有する不動産
※P2P　Peer to Peer　1対1のこと

ニューインフラとハブインフラ

次にインフラを考えてみましょう。既存のインフラとは空港や港湾、鉄道、道路、電気、ガス、上下水道、情報通信といったものです。

今後は台頭するニューインフラに替わるものも多いと思いますが、いったいニューインフラとは何でしょう？　鉄道でいえば、たとえば新幹線の延伸や、新幹線がリニアに替わることを意味します。電気やガスは自由化されたので、まだまだ変化すると思います。自由化でP2P※の対応が可能になり、「あなたにはいくらで、物量はこれだけ提供します」といったサービスが実現するでしょう。これを支える技術は、後述しますが、分散型取引台帳システム、いわゆるブロックチェーンの進化とともに発展するはずです。

上下水道は行政が扱っていますが、これもいずれは民間に変わると思います。民間に変われば、そのインフラのあり方も大きく変わってきます。

情報通信もいまの4Gから5Gへと変わります。ちょうど今が変革期なので、それほど遠くない未来に5Gが普通になり、まったく違う情報通信環境が到来します。迫真の映像――迫真というより、まさに目の前にある「リアルそのもの」の映像が遅延なく送られて

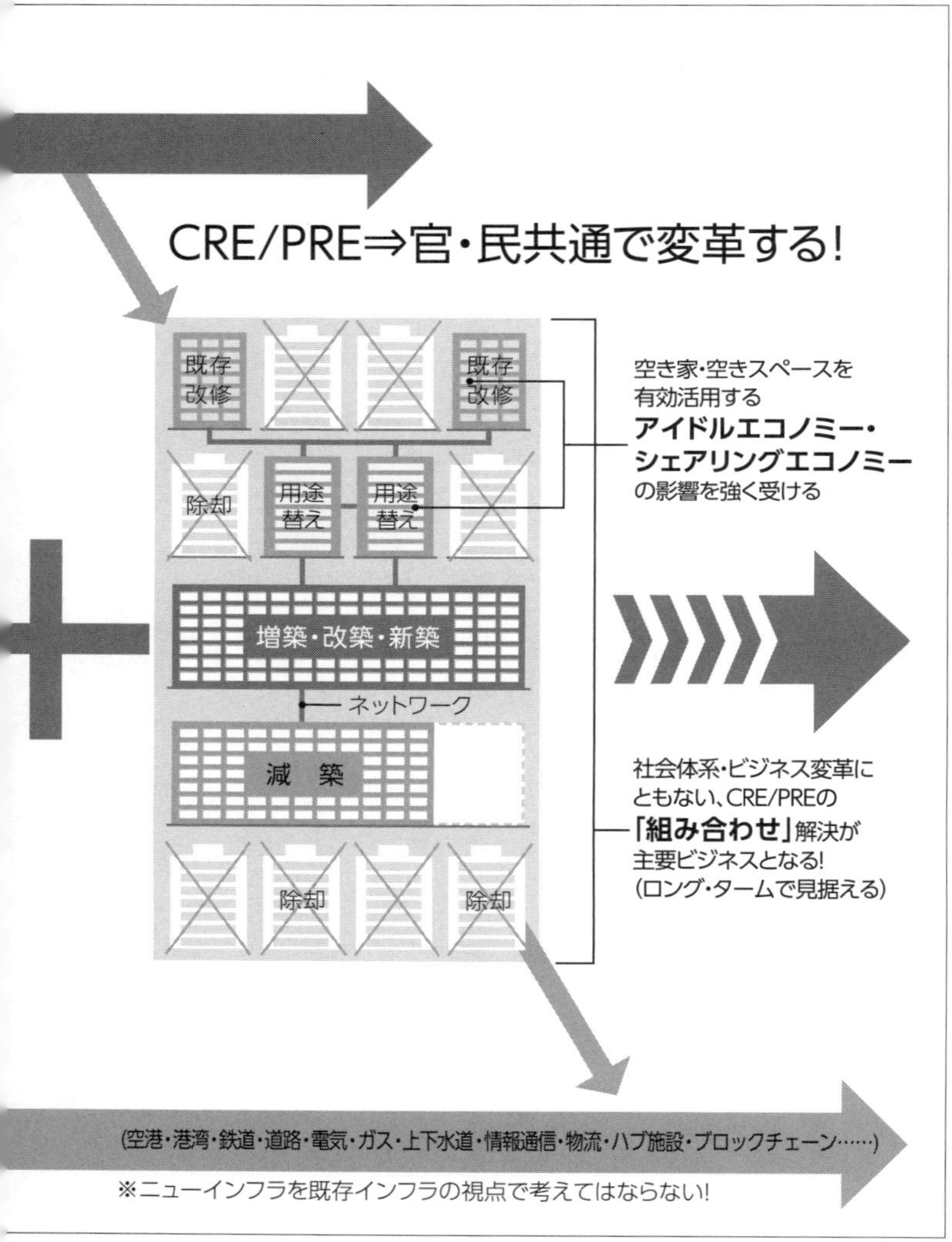
CRE/PRE⇒官・民共通で変革する!
既存改修
既存改修
除却
用途替え
用途替え
増築・改築・新築
ネットワーク
減築
除却
除却
空き家・空きスペースを
有効活用する
アイドルエコノミー・
シェアリングエコノミー
の影響を強く受ける
社会体系・ビジネス変革に
ともない、CRE/PREの
「組み合わせ」解決が
主要ビジネスとなる!
(ロング・タームで見据える)
(空港・港湾・鉄道・道路・電気・ガス・上下水道・情報通信・物流・ハブ施設・ブロックチェーン……)
※ニューインフラを既存インフラの視点で考えてはならない!

図11 インフラとCRE/PRE再構築

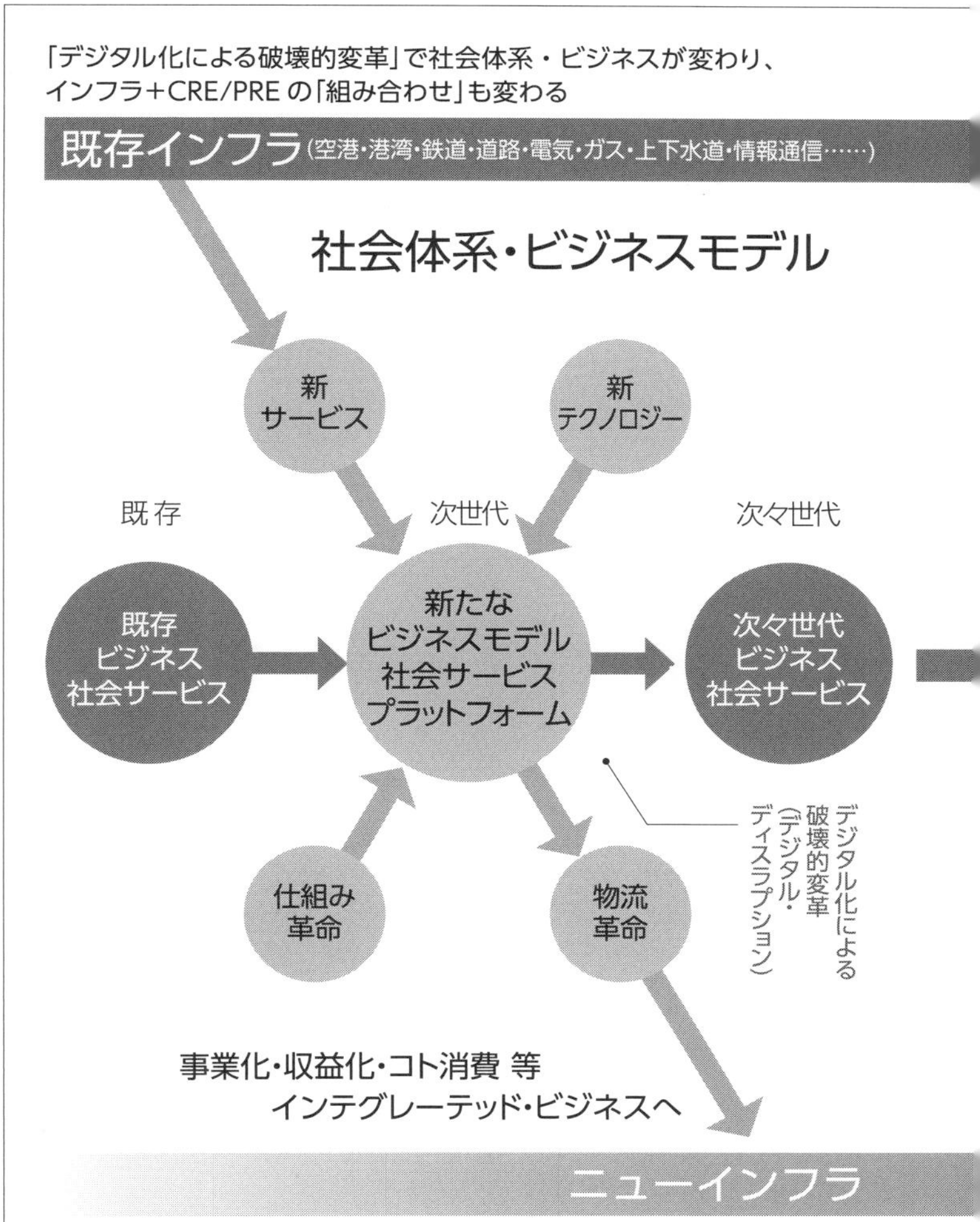
「デジタル化による破壊的変革」で社会体系・ビジネスが変わり、
インフラ＋CRE/PRE の「組み合わせ」も変わる
既存インフラ（空港・港湾・鉄道・道路・電気・ガス・上下水道・情報通信……）
社会体系・ビジネスモデル
新
サービス
新
テクノロジー
既 存
次世代
次々世代
既存
ビジネス
社会サービス
新たな
ビジネスモデル
社会サービス
プラットフォーム
次々世代
ビジネス
社会サービス
デジタル化による
破壊的変革
（デジタル・
ディスラプション）
仕組み
革命
物流
革命
事業化・収益化・コト消費 等
インテグレーテッド・ビジネスへ
ニューインフラ

きます。ダ・ヴィンチという遠隔手術機器がありますが、離島の患者を、東京の病院から手術することも容易になります。

物流も変わります。Uberのようなシステムも今後はインフラになるでしょう。道路も新時代のものになり、自動運転の進展とともに、当然、物流やハブ施設も変わります。どう自動化するか、どう人と機械を組み合わせるか、そうした統合自体がインフラとなっていくのです。まだよちよち歩きの赤子で、マラソンでいえば5キロ地点しか走っていませんが、いずれは大きく成長するでしょう。

施設が変われば、インフラの搬送ルートも変わってくるでしょう。先見性のある人は、今の既存ビジネスをやりながら、将来を見越した次世代ビジネスモデルの構築に取り組むはずです。実際には次世代のビジネスモデルが稼働したときには、すでに次々世代のビジネスモデルが誕生しているはずなので、先の先まで考えなければいけません。

新サービスや新テクノロジー、仕組みの改変や物流変革などで、既存産業の破壊が必ず起きます。特にデジタル・ディスラプション※というIoTやAIなどのデジタル大変革がビジネス界を席巻します。

デジタルによりビジネスモデル自体が変わってくるので、施設も単純に今までのものを

※デジタル・ディスラプション　Digital disruption　デジタル産業が既存産業を破壊すること

ただ新しくするようなものを誕生させてはいけないのです。

新しいビジネス、施設の組み合わせ、ニューインフラの融合こそが未来を創ります。さらに、ニューインフラとの関係性をスコープして、次の償還を考えていかなければならないのです。これまでの固定観念でとらえてはなりません。

(4) 健康長寿と少子高齢化対策

ネガティブな報道が多いため、意外に感じる人もいるかもしれませんが、日本の医療介護制度は、世界でも類を見ない素晴らしいものです。しかし、このままいくと団塊の世代が後期高齢者になったところで、維持できなくなります。少子高齢化問題が解決しない以上、今後は制度が必ず変わってくるはずです。

制度の改革だけでは追いつかないので、政府は「人生100年時代構想」として、元気で動ける高齢者を増やし、医療介護の必要な人を減らそうとしています。いわゆるピンピンコロリで、こうした元気な老人が増えれば、医療費や介護費は減少します。

現在の制度では、地域医療施設と各種の介護施設、在宅介護が混在していますが、これだけでは「人生100年時代構想」は実現できません。今は制度化されていませんが、スポーツ振興や健康長寿、娯楽、社会活動、観光、文化、教育、保育といったコンテンツが取り入れられ、リンクしていくはずです。それらはいずれ制度化され、補助金行政や公共事業の枠に入ってくるはずです。

その一端がCCRC※と呼ばれるもので、リタイアした人々のケア・介護を持続するコミュニティを構築する動きです。高齢者が健康なうちに入居し、終身で過ごすことが可能な生活共同体です。この集合住宅の考え方は1970年代のアメリカで始まっており、「アクティブ・シニアタウン」などと言い換えることもあります。

CCRCの「R」はリタイアメント（引退）の略ですが、個人的には「リ・スタート（再出発）」の略が望ましいと思っています。

今はまだ実験段階ですが、たとえば千葉県の稲毛にあるマンションではCCRCを取り入れたマンションが造られました。マンション単位にとどまらず、市町村単位の地域レベルで実施しようとしているところもあります。入居者がすべて元気なシニアで、健康的な食事、さまざまなアクティビティ、趣味仲間がいる生活という、理想的な共同体を目指しているのです。

地域でCCRCを育むには、基盤としてユニバーサル・インフラ、簡単に言えばバリア

※CCRC　Continuing Care Retirement Community　継続的なケアを提供する高齢者向けコミュニティ

フリーを地域単位で造り上げる必要があります。都市部でも、個々の施設ではバリアフリーが進んでいますが、街やインフラレベルではまだまだ道半ばです。

その先駆けとなるのは、２０２０年の東京パラリンピックになるでしょう。東京パラリンピックで会得した方法論を地域にうまく展開していく。さらに、スポーツ振興施設や健康長寿活動を上手に構築、その上に地域医療と介護を持ってくる必要があります。

つまり、ＣＣＲＣの制度は、大きなピラミッド構造になるでしょう。これをうまく構築できれば、将来の医療介護制度も存続できる未来が開けてくるはずです。

魅力的な先端医療技術

その一方で、先端医療は別の動きを見せています。日本の先端医療は世界的に評価が高く、すでに医療ツーリズム（居住国と異なる地で医療サービスを受けること）が拡がっていますが、これをさらに拡大していくべきです。

・再生医療や遺伝子治療、がん免疫療法、ｉＰＳ細胞等の先端医療技術
・先端的な施設

・高度医療を担える人財、運営サービス

という大きく3極の動きになっていくので、時流をしっかりと押さえたビジネスモデルの構築が必要です。それが成功すれば、これらをパッケージにして外販し、世界に売り出すことが可能です。

医療パッケージとして世界に外販するとメドテック（＝メディカル・テクノロジー）ですが、それを図書館や教育に置き換えるとエドテック（＝エデュケーショナル・テクノロジー）という形になります。少子高齢化問題を乗り切るにあたり、日本はメドテックもエドテックも売り物として外販しつつ、日本国内では制度としてきっちり守っていく必要があります。

それが、人生100年時代を実現する基盤なのです。少子高齢化問題は深刻ですが、医療介護制度を存続させるモデルができあがれば、今後、世界中で起こりうる高齢化問題のトップランナーとして大きな利益を得られるのです。

病院施設には「地域医療連携推進法人制度」というものがあり、これはひとつの決まったエリアで病床と介護の床、在宅の床をやり取りできるようにした制度です。それまでベッ

ドのやり取りはできませんでした。このような仕組みが変わってきたのは、今後、さまざまな制度が変わる前触れでしょう。

これからは健康増進やスポーツ施設もしっかり取り入れていく時期です。高齢者が増えるからといって、どこも大きな病院を造ろうとしていますが、そうではないのです。むしろ、病院はある程度の規模に抑えておくのが正解だと考えています。

治療や医療活動は増やしつつ、病床はうまく分散させなければ、経営的にも苦しくなるはずです。病床数が多すぎたり、設備が豪華すぎたりで、公立病院や大学病院で経営に四苦八苦しているところも多数あるのです。だからこそ、ピンピンコロリを増やしていくべきなのです。

国道16号線から始まる新ビジネス

地方でＣＣＲＣの実験が始まりましたが、都心周辺はどうなっているのでしょうか？首都圏を例に出すと、首都圏をぐるりと囲む国道16号線沿い、東京駅から約40キロメートル圏内には、団塊ジュニア世代が大勢住んでいます。

町田、相模原、川越、柏などですが、自分たちだけではなく、全国各地いろいろな出身地から両親を呼び寄せて近くに住まわせ、家族3世代が近所で生活している人がとても多いのです。「故郷は国道16号線沿い」という人が多いということは、このあたりが近い将来、最初に医療・介護などの大問題が発生する地域であることを意味します。

これまでは3世帯で住んできましたが、高齢化が進むにつれて空き家がどんどん増えて、国道16号線から都心部までの地帯は人口がだんだんとスポンジ化していきます。亡くなった人の空き家や空き地が残されて、増殖していくイメージです。人口は急激に減るわけではないので、たとえばタワーマンションに集約されていくことが予想されますが、一方で空き家や空きスペースをどうやって利用していくかが求められます。空き家、空き地、空きスペースをみんなで共有するような新ビジネスを開発していくことが、今後、東京という大都市を維持していくために重要になっていきます。

このように書くと、何だか悲観的な話に聞こえるかもしれませんが、将来の医療介護をどう扱うかで、都心部のロールモデルになっていけるのです。そこには新しい生活モデルの構築が必要で、ビジネスチャンスでもあるのです。

仕事が見つからない人も、この国道16号線沿いで介護関係の仕事を探せば、必ず見つかります。医療介護ビジネスだけではなく、将来は健康長寿ビジネスも発達していきます。

図12 首都圏を覆う「スポンジ化現象」

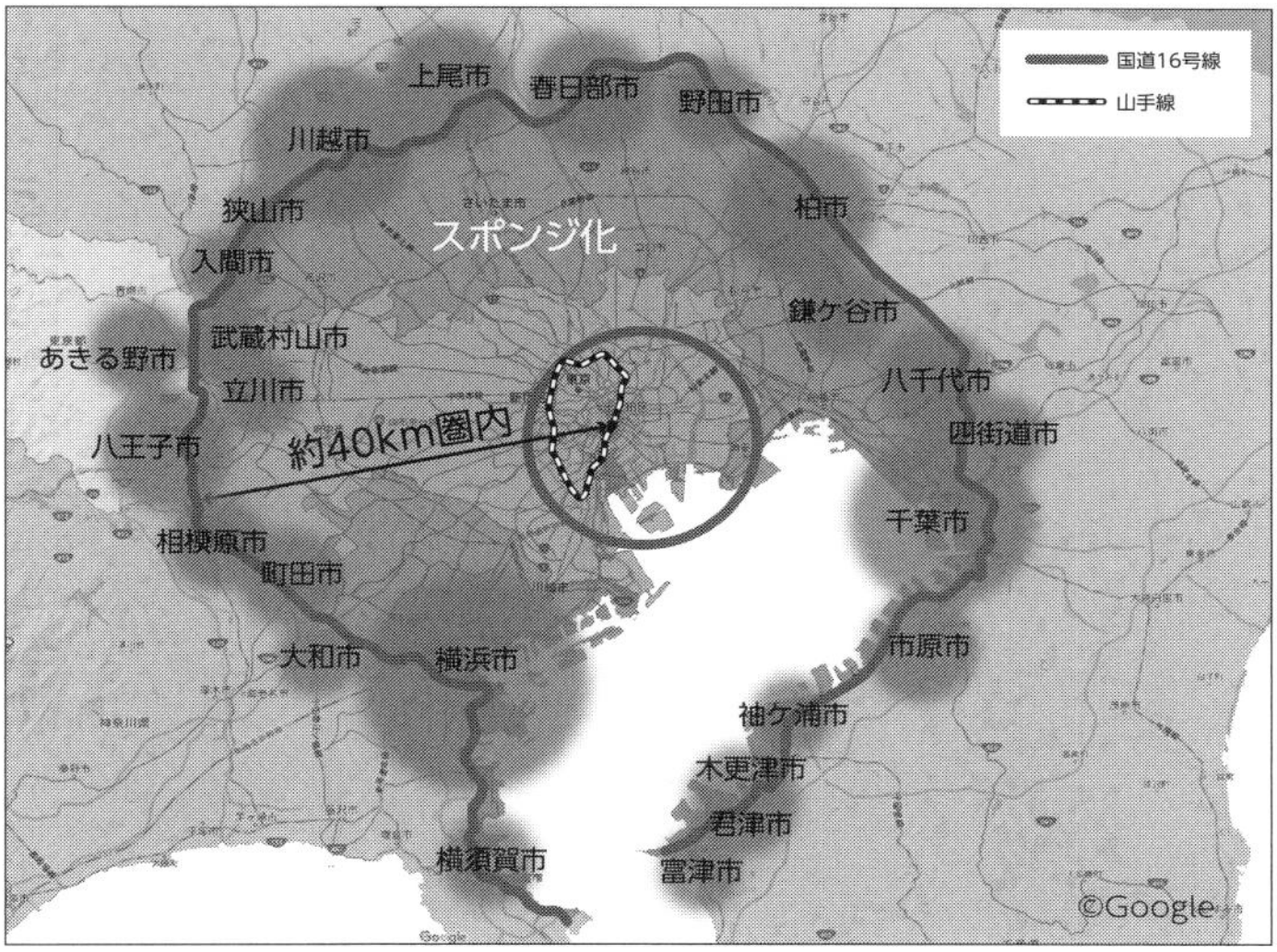

たくさんの元気な高齢者を支えるようなビジネスモデルを創るにはどうしたらいいのか、今こそ考える時期です。国道16号線沿いから、新ビジネスは始まります。

5軒に1軒が老人ホームに？

今後は人口が減って、新築でも望まない限り、マイホーム取得は今までより容易になるでしょう。それとは別の問題、親の介護や自分の老後などが問題として出てきます。これまでの人生設計とは描き方が変わったときに、どのようなビジネスモデルが発生するのかを考えましょう。

数十年後には、人口の40％が高齢者になります。国道16号線沿いにある空き家は、

5〜6軒に1軒が老人ホームに改修されるかもしれません。

施設だけでなく、在宅介護などの制度も構築されていくでしょう。介護をしたい人、介護をしてもらいたい人をアイドル/シェアリングエコノミーを応用してうまくマッチングさせるような仕組み、介護マッチングがビジネスになるはずです。

日本は少子高齢化が深刻化していますが、それ故にトップランナーになれる立場にあります。すぐ後に、中国や韓国、欧米諸国がやってくるので、いち早く仕組みを創れば、トップランナーとしてそのビジネスモデルを外販して総取りすることが可能です。

現状、高齢者の割合は3割弱ですが、その人たちが全貯蓄1800兆円のうち70%を持っているといわれます。

その潤沢な資金を引き出せるような、高齢者が元気で生きていけるスポーツ施設、健康長寿施設、文化施設の充実が重要になってきます。

もちろん予算が潤沢にあるわけではないので、それらは新築で建設してはいけません。空きスペースだらけになっている公共施設をうまく流用しながら、コンバージョンや改修をすることが大切になってきます。

(5) スポーツビジネスと余暇

スポーツビジネスは、現在急成長している分野です。スポーツビジネスと余暇の国内GDPの規模は5兆円から5・5兆円くらいですが、スポーツ庁は年間15兆円と約3倍にしたいと言っています。

1990年代までアメリカのスポーツビジネスのGDP規模は20兆円くらいでしたが、現在は60兆円くらいあります。20年で3倍も成長しました。

日本は逆に1997～98年ごろ6兆円ほどあったものが、現在は5兆円と少なくなってしまいました。明確な理由はわかりませんが、スポーツの嗜好が分散してしまったことが原因ではないかと私は考えています。1998年頃はプロ野球人気が少し下火になって、サッカーも盛り上がりが鈍く、思ったほど強く引き上げてはくれませんでした。時期的にはワールドカップに最初に出場した頃で、日本のスポーツ全般のバランスがあまりよくなかったのかもしれません。

それでは、なぜアメリカのスポーツビジネスは20年で3倍もの規模になったのでしょうか？ それは「ボールパーク構想」が大成功を収めたからです。

ボールパークとは、どのようなものでしょうか。日本の野球場やスタジアム、アリーナは宇宙船のように閉じていて、中が見えません。アメリカはそれをどう変えたかというと、チラ見をさせて雰囲気が伝わるようにしたのです。ボールパークには360度回れるコンコースが必ずあり、そこまではほとんどが無料で入れます。そのコンコースはちょっと開いていて、チラ見ができます。それで、もう少し見たい、スタンドに行ってみたいと思う。そこから先へ行くには、チケット代がかかるようになっています。

ボールパークは楽しそうな雰囲気を醸し出していて、コンコースには大勢の人が集まってきます。そこには商業施設やアミューズメント施設もあり、もちろんラグジュアリーホテルも、必ずといってよいほど建てられています。楽しみも宿泊もすべてが直結していて、お金がたくさん落ちるようになっています。

スタジアムやアリーナで一番の収益、おそらく9割ほどを占めるのがＶＩＰルームです。年間シートは固定の契約で、そこにスポンサー企業もつけて、どんどんお金を生み出す仕組みになっています。ボールパークには稼ぐ知恵が集積されているのです。

ボールパークと、それが存在する街には、切り離せない関係が形成されています。スタジアムが郊外にある場合でも、必ず街とつながっていて、楽しいストリートやアベニュー

図13 ボールパークから始まる余暇ビジネスの拡大

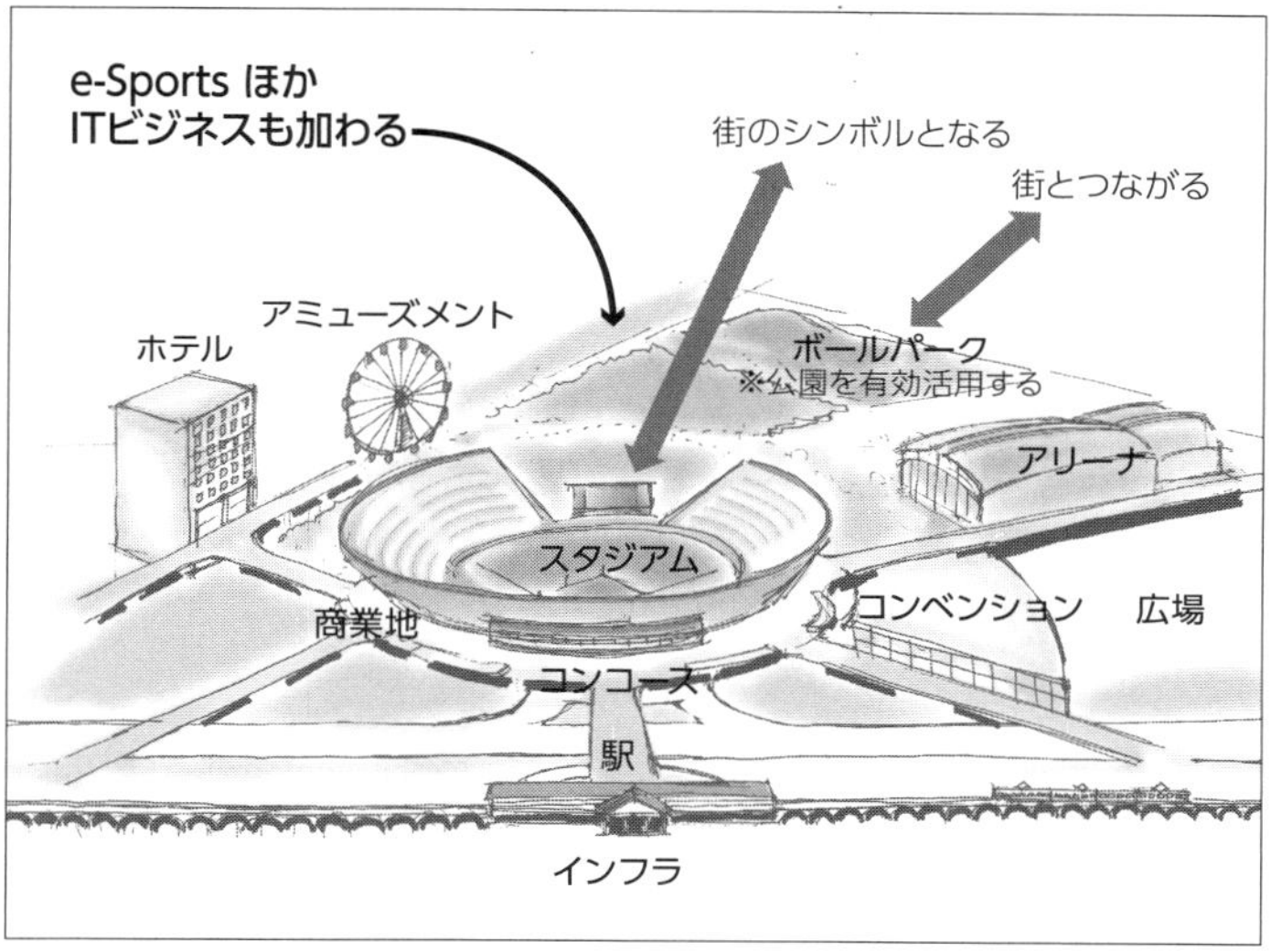

の演出が工夫されています。当然、交通機関のインフラともつながっています。ボールパークにはそうした街づくり、コンパクトシティ的な作りが盛り込まれています。

私たちの会社でも数多くのスポーツ施設を手掛け、スポーツビジネスに携わっています。その中でボールパーク構想の必然性に気がつきました。体育館などのスポーツ施設の建物単体ではダメなのです。スポーツ自体がひとつの街おこしのような形になって、関連する産業と一緒になってネットワークを形成しなくては普及拡大しません。最近は、この発想を多くの自治体と共有することができるようになり、ますますスポーツビジネスが盛り上がると確信しています。

さらに急速に注目が高まっているeスポーツをはじめとしたネットビジネスも、リアルとネットが複合的にからんでいくことは間違いありません。

今まで日本では、スポーツは体育の延長であり、スポーツでお金を稼いではいけないという風潮がありました。たとえば、高校野球連盟とプロ野球の球団が一緒に何かをやることは一切ありませんでした。学生やアマチュアと連動して育成しようという考え方は皆無です。同じスポーツをやっていても、所属する団体は全部別で、途切れ途切れになっていて、バリューチェーンのようなつながりは見られません。

しかしいま、スポーツで稼ぐのはいけないことだというネガティブな発想から、スポーツでどんどん稼ぐという意識へ変わりつつあります。

最近までプロ野球も球団の収益はあっても、スタジアムからの収益はほとんどなく分離されていました。つい最近になって指定管理者制度やコンセッション※(公共施設等運営権)制度などが導入され、球団収益とスタジアム収益を合体させなければいけないという方向性に大きく変わってきました。

日本でもボールパーク構想が取り入れられるようになり、私たちの会社でもいくつか手

※コンセッション　Concession　高速道路や空港、上下水道など公共施設の所有権は行政機関に残したまま、運営を民間事業者にまかせる方法

掛けています。北海道日本ハムファイターズが北海道北広島市へ移転する新スタジアム、横浜DeNAベイスターズの横浜スタジアム、そして千葉のJFA夢フィールドなどがそうで、どれも未来への大いなるチャレンジです。

たとえば、JFA夢フィールドは、千葉マリンスタジアムとあわせて、公園自体をパークマネジメントして賑わいのある施設に変えてしまおうという計画です。これも、あまり使われていない公園を有効活用するアイドルエコノミーの一環です。今まで日本に類を見なかったものができあがるはずで、とても実験的だと思いますが、そこでボールパーク化をどこまで展開できるかが、今後の試金石になるでしょう。その成果が、スポーツビジネスと余暇の将来的な成長に大きく関わってくるのです。

(6) 情報流通の変革

これは簡単にいうとメディアの変革のことです。GDPから見るポテンシャルは30〜50兆円ほどあるでしょう。

私の会社もいろいろなメディアの方とお付き合いをしていますが、どこもまだ次世代、次々世代のビジネスモデルを見つけきっていない状態だと感じています。それは新興メディアも伝統メディアも関係なく、テレビ、印刷、広告、通信、新聞、ラジオなどすべてです。今は、次世代、次々世代のメディアを誰が制覇するかという群雄割拠の真っただ中なのです。

私の会社はテレビ局を7局ほど、キー局から地方局までお付き合いさせていただいています。そこで見られるのが、多角化経営でやっていこうという方法論です。都心のキー局はどこも、所有している不動産のフル活用を模索中です。商品販売の仲介手数料や紹介料で稼いでいこうとしているメディアもあります。

具体例をあげましょう。2018年1月、銀座・並木通りにオープンしたアジア初のホテルブランド「ハイアット セントリック 銀座 東京」の敷地は、朝日新聞社のものです。大阪発祥の同社が、初めて東京で創業した場所です。

最近まで同社のグループ企業が入居するオフィスビルでしたが、高級ホテルに生まれ変わったのです。ホテルには外資のラグジュアリーホテル、国内ブランドのホテルなどさまざまありますが、立地を考慮した結果、銀座の一等地にライフスタイルホテルが誕生したのです。

しかし、不動産業にしても、商品販売の仲介手数料にしても、メディア企業の屋台骨を

※サブスクリプション　Subscription　定額で見放題、食べ放題などが可能な支払い方式

です。

支えるまでにはなり得ません。やはり本業である次世代メディアをつかむことが先決なの

私は、動画の動向に注目しています。今後、通信が5Gで超高速、大容量化されること

で、よりモバイル化が進んでいきます。個人ごとに最適化（パーソナライズ）されてくる

プラットフォームの上で、サブスクリプション※（マネタイズに近い考え方）をどのように

構築できるかが鍵になると見ています。

新規に参入したネットフリックスなどの映像配信も、未来に向けてどうあるべきかをまだ考えあぐねているようです。メディアは許認可や規制の強い領域なので、そのなかでどこまで新しいビジネスをできるのかが課題です。

放送とインターネットの関係性は、今後の法律によって大きく変わってくるでしょう。今は法律で完全に分かれていますが、それを通り越してSNSやユーチューブが橋渡しの役割を果たしています。現状を見る限り、いろいろ規制しても、いずれは完全に同化してしまうでしょう。結局は規制も緩和される方向に向かうと思っています。そして将来的には、区別のない状態になると考えます。

正直、放送分野は規制の一番厳しい世界なので、私も言いきっていいのかどうかは迷う

ところです。加えて、通常の地上波放送とBSやCS放送が、どのように差別化していくのかも見えていません。

今後、アメリカのように猛烈に多チャンネル化していくかもしれません。そのときは、個人でもメディアを持つことが容易になるでしょう。まるで、ブログを書くかのように番組を放送できるようになるかもしれません。ただ、注意しなくてはいけないのが、アメリカのように政治的に偏向した放送ばかりになってしまい、必要な情報がなかなか入ってこなくなることは十分にありえます。

もしそうした状況になったとき、視聴者とメディアをつなげるプラットフォームが力を持つかもしれません。考えてみると、いま日本で圧倒的なパワーを持っているヤフージャパンも、オープンした当初は、人力でおすすめサイトを羅列するサイトでした。当時、プラットフォームという概念はなかったかもしれませんが、新たなビジネスチャンスはどこにでもあることがわかるでしょう。

日本は、比較的健全な報道がされているので、今後いろいろ移り変わっていくとしても、健全性は変わらず維持していくよう、注視しておく必要があることは、強調してもしすぎることはありません。

ラジオ、新聞、映画の未来

旧世代のものに感じるかもしれませんが、ラジオは緊急放送やJアラートなどで必要なので、残っていくと思います。ラジオ局自体は赤字で、所有しているテレビ局のお荷物になっているという話もよく聞きます。緊急放送のために維持している面もありますが、ラジオで培ったネットワークがあるのも事実で、また許認可が厳しく、一度失ってしまうと二度と手に入らないという危険性も感じているようです。

当然、古くからある新聞や印刷、雑誌なども今後を模索しなければなりません。新聞社によっては、印刷工場の運営をもうやめたいと考えています。印刷会社のラインを借りて、印刷はリースでやろうとしています。さらに進めば、印刷、流通自体を外部発注していくことが想定されます。

そして印刷会社は、化学や燃料産業、医療分野に手を伸ばしています。たとえば、大日本印刷はSuicaのカードで収益を上げていて、ホログラムの研究やジェネリック医薬品の開発もおこなっています。凸版印刷は半導体チップの印刷が大きな利益を上げていますが、燃料電池の部材の研究や遺伝子解析装置の研究もしています。印刷というイメージでは捉えきれない会社になっているのです。念のため書いておきますが、両社とも医療・健康分野に触手を伸ばしていることに注目してください。やはり、この分野にこそ、未来の「事業の種」があるのです。

個人的な意見ですが、書籍は絶対に残ると思っています。本は文化の継承という側面から見ると一番のオーソリティ（権威）であり、重要で信頼できる媒体だと思われていると感じます。出版社も電子書籍など未来の方向性をいろいろ模索していますが、本自体がなくなるのは、しばらくはありえないと思っています。

しかし雑誌に関しては、また違った意見です。セブン-イレブンなどのコンビニにある雑誌はオムニチャネルにつながれば、生き残っていけるのではないかと思いますが、大手書店でしか扱えないような雑誌は、いずれ消えゆく運命ではないでしょうか。私は音楽マニアで、『レコード・コレクターズ』を毎月買っているのですが、昔は小さい本屋にも置いてあった趣味の本を扱っている書店が年々少なくなっていることを肌で実感します。

コンビニで販売されている雑誌のように、ユーザーと接点があって、視認される機会がたくさんあれば、きちんと生きのびられるかもしれません。これからはユーザーに到達するためのルートの確保が大切になるでしょう。

図14 メディア変革と全国への展開

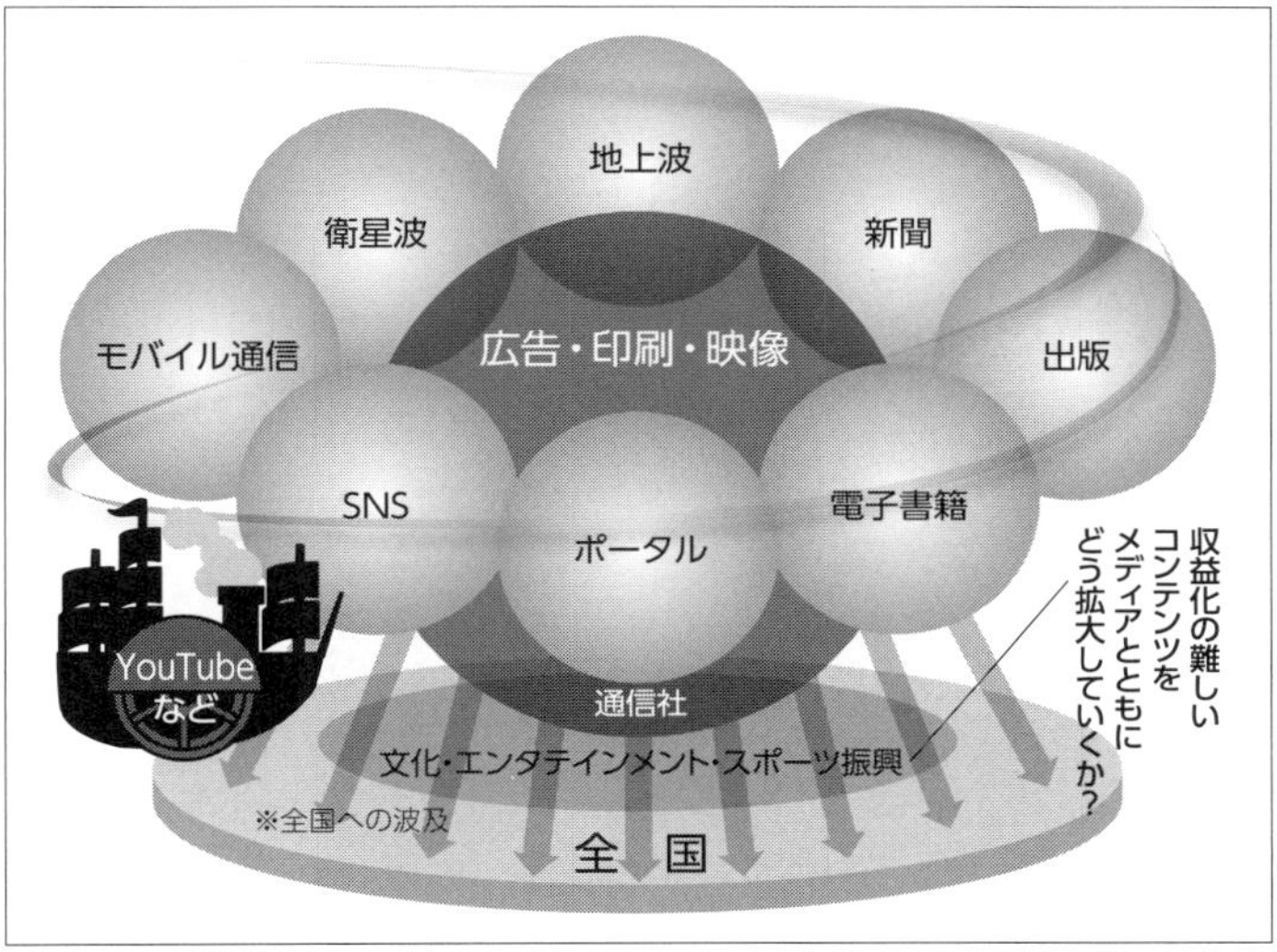

映画は、テレビとは違った捉え方をされていると思います。映画は伝えるのがなかなか難しい媒体ですが、文化や芸術の中のひとつに数えられる素晴らしいコンテンツになっています。文化的な意味での保存価値、保有する価値が非常に高いので、今後も一定の部分は残るでしょう。

それがバーチャルになっていくのか、さらに別のものになっていくのかはわかりません。プロジェクションマッピングと合わさって、イベント的に見る世界になるかもしれません。今は二次元の映像が主流ですが、それが三次元になって生き残るかもしれません。

最近はバーチャルリアリティが進んでお

り、ゴーグルをつけて映画へ360度の没入体験も可能になってきました。

逆に、映像は最低限で、好きな声優さんが本をゆっくり読んでくれるような、今までにないコンテンツも登場するでしょう。

イベントで勝てる広告代理店

かつてより影響力が落ちてきたと感じられるメディアですが、メディアならではの素晴らしい特性もあります。

メディアは収益化が難しいコンテンツをマネタイズして、そして既存の産業と組み合わせて全体として稼ぐようなビジネス体系、集合のコンテンツにする力があります。その強みがある限り、今後も生き続けていくと思います。

イベントは広告代理店の担当ですが、たとえばスポーツ観戦でも、2020年の東京オリンピックのときには、全国の映画館や球場でいっせいに観戦し、その熱量を実際に肌で感じられるようになっているかもしれません。館内の温度をゆっくり上げたり、風を人工的に起こしたりすることで、まるで現地でライブ観戦しているような気分になれるのです。

バーチャルだったものが、現実との違いがわからないほどリアルになっていくのも、もしかしたらメディアが担うべき仕事かもしれません。その中心にあるのは、広告代理店の可能性があるのです。

２０２０年の東京オリンピック、２０２５年の大阪万博で裏方として活躍する一方、ネット広告市場も拡大の一途を続けており、２０２０年には20兆円規模になると推測されています。

今後、広告代理店には比較的明るい未来が待っているでしょう。

いずれにせよ、今後はオムニチャネルを押さえたところが勝者となり、プラットフォームを築いていくと思われます。

明日のメディアの覇者はまだわかりませんが、どういう形になってもメディアは残っていき、いろいろな産業をつなぎとめて活性化させる大きなエンジンになることは間違いありません。

（7）金融ビジネスの変革

金融ビジネスの変革では、情報とお金の部分の話が主になります。お金の話ですから、当然規模も大きく、広い視点で見れば１００兆円のポテンシャルを持っています。金融ビジネスは、今後大きく変革していくのは間違いありません。その引き金はフィンテックです。

現在の日本には、銀行はメガバンクと地方銀行、信用金庫や金融公庫など地域密着型の大きくわけて3種類あります。それと、ゆうちょ銀行の日本郵政グループという別枠の独立国のようなものもあります。

今は、それらが十把ひとからげに見られていますが、今後、メガバンクはメガバンクの役割、地銀は地銀の役割、金融公庫や信用金庫はそれぞれ別の役割を担う形になっていくでしょう。

まず、信用金庫に目を向けると、地域密着に徹底する戦略を取るしか生き残る道はありません。地域やひとりひとりのコンシューマーに寄り添ったビジネスをやっていくのが堅実な道です。

対極にあるメガバンクは、次世代のフィンテックの覇者になれるかどうかがキーポイントです。

私は、ビットコインなど今ある仮想通貨のことを現状ではまったく信用していません。今はまだ投機的な資産価値でしかないからです。

しかし、ある日、状況は一変するかもしれません。

たとえば、国家が仮想通貨に本腰を入れ出したら、それは本物の通貨に変わるからです。実際、スウェーデンが仮想通貨の発行を検討すると発表し、世界中から注目を集めています。日本も国として仮想通貨を扱う日が来れば、それが大きな転換点の始まりになるでしょう。

民間でも実証実験が進んでいます。三菱ＵＦＪフィナンシャル・グループは、２０１９年、独自の仮想通貨「ｃｏｉｎ」を発行する予定です。みずほフィナンシャルグループも発行を予定しており、先に実現させたほうが仮想通貨を発行する世界初の大手銀行になります。コンビニや飲食店での支払い、スムーズな割り勘、ポイントの保存など、さまざまな用途を想定しています。

日本のメガバンクが参入することで、もしかしたら、ビザやマスターなどクレジットカードの牙城を崩せるかもしれません。

２０１７年末、アメリカのシカゴ市場でビットコインが先物取引の対象になりました。これで機関投資家が参入できる土壌が整ったので、今後、一気に仮想通貨が拡がっていくかもしれません。そして、そのためにはブロックチェーンの技術が必須条件になります。

銀行窓口業務は消滅する

仮想通貨や信用取引がメインになっていったら、メガバンクの窓口業務はなくなっていくと思います。すでに、大手銀行は大規模なリストラをスタートさせていますが、もし窓口業務がなくなると、どうなるのでしょうか。

窓口が消えたら、本店もそうですが、支店や施設構成のあり方に変化が出ます。

現在は1階にＢｔｏＣ※、2階にＢｔｏＢ※の窓口があって、いろいろな資金調達のやり取りをするのが一般的です。これが全部なくなって、資金を集めるためのネット会議のような場を設け、そこで資金が集まったら、次に商談するようなスキームができるでしょう。今までとはまったく違うビジネスモデルになり、施設構成もそれに沿って変わっていきます。

メガバンクの本社は大手町や丸の内にあり、どこも天井の高い大きな会議室や打ち合わせ室を備えています。銀行業務は信用とオーソリティ（権威）の両方を持っていないとできませんが、時代は移り変わり、会議はどこでも（離れていても）できるようになり、数字合わせだけをすればいいので、資金調達も場所を問わなくなりました。そう考えると、

※BtoB、BtoC　企業が企業に売る取引がBtoB、企業が個人に売る取引がBtoC。
B2B、B2Cと書くことも

今後は一等地に本社を維持する必要性もなくなる可能性があります。

銀行は、だんだん利ザヤ商売ができなくなっています。手数料の儲けも着実に目減りしています。今、銀行は金利ビジネスや手数料ビジネスから脱却し、違うビジネスモデルを模索しているのです。

では、いったい何で収益を上げていくのでしょうか?

これからの銀行は、窓口業務ではなく、さまざまなビジネスや交流のために人を集める場所に変わっていくはずです。先述した(1)~(6)までの領域を結びつけ、インテグレーテッド(統合)する役割を率先して果たしていくと考えます。まさにプラットフォームです。

仕事柄、私はメガバンクの方と話をする機会も多いのですが、「私たち銀行は、今後どうやって生きていくのだろう?」と皆さん真剣に考えています。今はマイナス金利ですが、これがプラス金利になってどんどん金利が上昇すると、金利商売は小規模に成り立つかもしれませんが、それだけではとても銀行を維持できないと仰っています。

すると、やはりファンドのようなものもやる必要があるかもしれませんし、企業と企業をセッティングして新しいビジネスモデルを誘発する橋渡し役になることもありえます。

社債を発行してもらい、その手数料や金利で利益を出すビジネスモデルです。

なお、これは大規模すぎるビジネスで、自分には関係ないと思ったら早計です。前述したように、いまは「お金のシェア」という考え方があるのです。たとえば、「オンライン共同財布」と銘打ったGojoは、誰でもお金を集めて基金を作れ、それを給付・支援できる仕組みを整えました。そのGojoは、シェアスペースの「インスタベース」と組んで、格安にレンタルスペースを提供しています。おわかりでしょうか。私が先に述べた「未来の銀行ビジネス」をもう先取りしているのです。これだけ見ても、大手銀行が勝てるかどうかはわかりません。これからの時代は下剋上が頻繁に起きる時代です。ビジネス乱世になれば、誰にでも等しくチャンスが与えられるのです。

金融公庫や信用金庫といった小規模なところ、そして真逆のメガバンクの進む方向性はだいたいわかってきました。今、一番大変な状況にあるのは地方銀行です。地銀は業績のいいところと悪いところとが、鮮明になりつつあります。その立ち位置はさらに際立っていき、ビジネスモデルを見つけられない地銀は消滅の危機にあります。しばらく群雄割拠が続いて、そして離合集散が進み、いろいろな金融機関との統合が促進される気がします。ただし許認可制なので、一定の抑止力は働くとは思います。

地方の民間企業には地銀を支えられるほどの体力がないので、ある程度の大手企業が必要になります。しかし大手企業は、完全にメガバンクやファンドが押さえにかかるはずで、中途半端な立ち位置の地銀は一番苦労していくでしょう。離合集散があり、ビジネスモデルも変革すると、きっと地銀の施設構成や施設体系もどんどんと変わっていくはずです。

ゆうちょ銀行は健全に運営されていますが、それは国にしっかり守られているからです。そうした優遇措置などがいつまで続くかは、まったくわかりません。民間になったので、その不可思議な守られ方もいずれ変化が出ると感じています。

金融ビジネスが大きく変革していくなかで、どのように変わっていくのかはわかりませんが、絶対にこのままではいきません。これは皆さんも予感されていることではないでしょうか。

為替の消滅

私は、フィンテックが進むと為替という制度自体がなくなるのではないかと思っています。極論ですが、世界の基軸通貨となるような仮想通貨が誕生すれば、ほとんど手数料もなく送金が可能になり、為替はいらなくなるはずです。

しかし、貨幣や紙幣がなくなることはないと思います。現金は履歴がつかないのが最大の特徴です。それをメリットと考える人も当然いて、グレーゾーンの商売や取引に現金は欠かせません。現金の流通量は減るとしても、仮想通貨との住みわけができていくはずです。

今、世界で最もマネーを扱っている会社はビザやマスターといったクレジットカード会社です。クレジットカード会社がおこなっている信用という枠が右から左へ移っていく仕組みは、仮想通貨と同じで、単なる数字のやり取りで成り立っています。

ですから、マネーの流通が減ったとしても、仮想通貨を扱う会社へと変わっていくだけかもしれません。どのようなテクノロジーやビジネスモデルを成り立たせるのかで未来は大きく変わるでしょう。今後の動静を注視していく必要があります。

そして、機関投資家である大手保険会社や大手証券会社、信託銀行などは、また違う動きをしています。自社で広大な不動産を保有しているので、それを有効活用する方法を見出そうとしています。もちろん、投資するための資金の運用もフィンテックによって大きく変わってくるため、その見極めが大切だと考えているようです。

証券会社は、また独自のビジネスで生き残っていくと思います。資金調達の方法には、

図15 金融ビジネスの改革

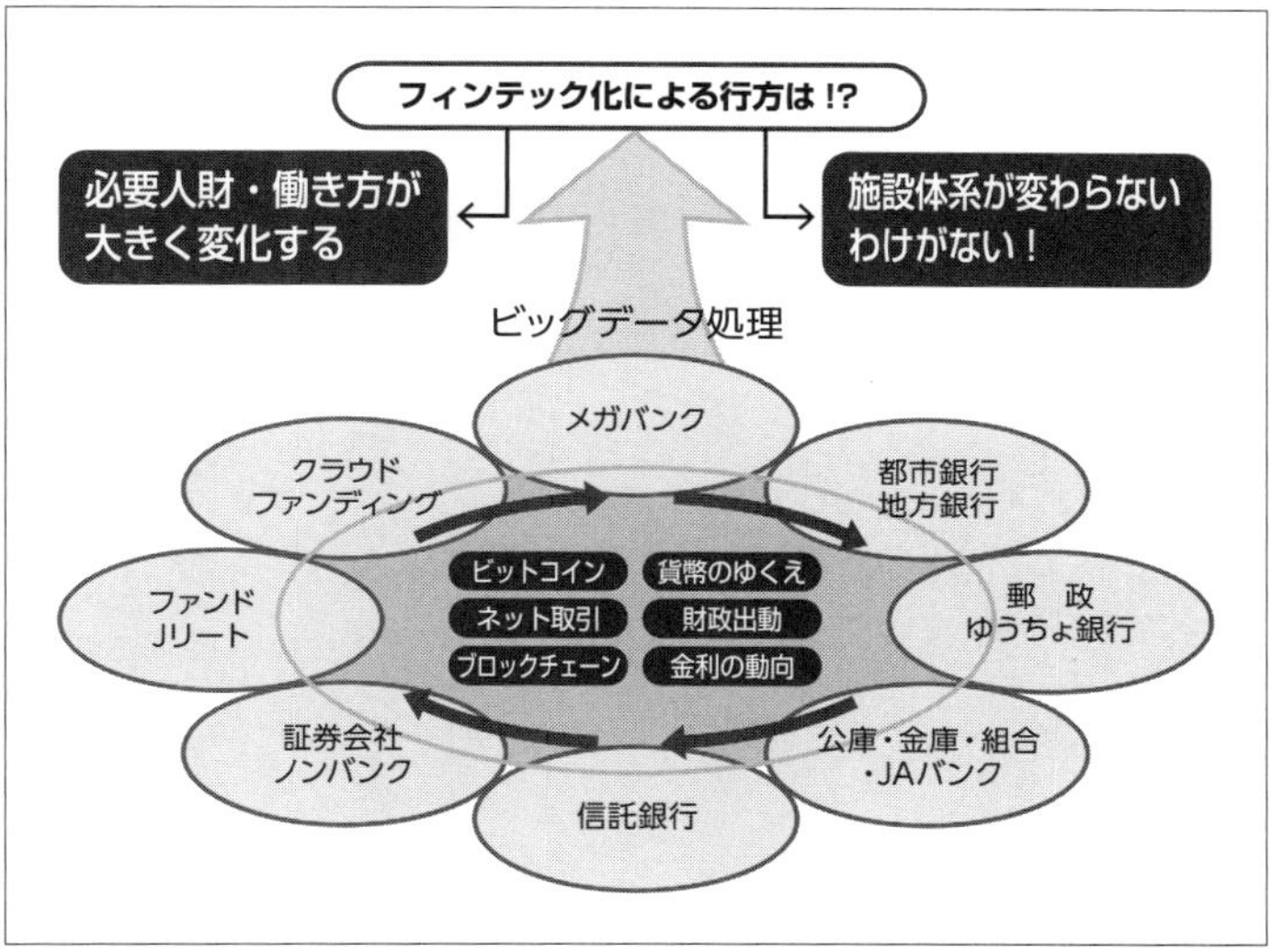

コーポレート・ファイナンスやプロジェクト・ファイナンスなどがあります。

コーポレート・ファイナンスは、企業の価値を信用力として借り入れがおこなわれるものです。

一方、プロジェクト・ファイナンスは、単独で利益をあげられる事業を対象として融資し、その事業から発生する利益や事業の資産を担保とします。そして、その事業以外に担保は遡及しないのが原則となります。この方法は、ファンドや信託銀行・証券会社によって取り扱われています。

日本では「寄らば大樹の陰」というメンタル的な理由のせいか、コーポレート・ファイナンスが主流です。プロジェクト・ファイナンスもずいぶん拡まってきていますが、リーマン・ショックのときに規模が縮小してしまい、いまだ全国的に浸透しているとはいえません。

しかし、これからはプロジェクト・ファイナンスが増えていくと思います。たとえば、電力自由化にともなって新しいインフラを整備する場合を考えてみましょう。電力会社一社だけで大規模な発電所が造れない場合、何社かと共同で発電所をプロジェクト・ファイナンスで造り、証券化された権利で利益を出すという方法が取られるのです。不動産にリートという仕組みがあります。これは、不動産から得られる賃貸料収入などを投資者に配当する商品ですが、いわば電力版リートとなります。

フィンテックが進むことにより、資金調達の方法にも変化がもたらされてきました。従来どおりのリートやプライベートファンドに加え、クラウドファンディングによるものも増えてきました。いろいろな資金調達方法が生まれて、金融手法がさらに複雑なものへ変わっていくように感じます。

またＬＩＮＥが「ＬＩＮＥ Ｐａｙ」を始めたように、ＳＮＳがノンバンク的なことを始める状況になっています。ＳＮＳなどを経由したネット取引の商売も増えてきましたし、Ｓｕｉｃａのような電子マネー取引も増加傾向にあります。それがどんな形で切り替わっていくのか。それにともない、人の行動パターンやビジネスパターンも変わり、それに合った施設構成や施設体系に切り替わっていくでしょう。

中国で始まった新しい「評価社会」

この章の最後に、いま、中国で起きている劇的な決済方法について紹介しておきます。

かつて、中国人は銀聯（ぎんれん）カードをもてはやしていました。世界で一番普及しているカードとも、中国国民なら必ず持っているカードとも言われます。その実態はデビットカードで、商品を購入したその場で、代金が銀行口座から引き落とされる仕組みです。日本でも、中国人の爆買いが話題になったとき、銀座の多くの店で銀聯カードが導入されました。

なぜクレジットカードではないのでしょうか。

実は、中国は貧富の差が極めて大きく、貧困層も多いため、与信審査に通らない人が多かったのです。そのため、使いたくてもクレジットカードが使えなかったのです。

しかし、時代は変わりました。豊かになった中国で、新たな決済方法が生まれたのです。

それが、アリババが運営する「アリペイ」、テンセントが運営する「ＷｅＣｈａｔペイ」の２つです。

銀聯カードの発行母体である銀聯も「ユニオンペイ」で参入していますが、あまり芳しくないようです。

これら新決済方法の仕組みは、スマホでQRコードを認証するだけです。決済の専用端末を設置する必要がなく、非常に安いコストで決済できるのです。こうなると、いまさらクレジットカードが出る幕はありません。中国ではキャッシュレス化が進み、今ではタクシーも屋台も家賃も……お年玉のようなものさえ、QRコードで支払われています。

中国がすごいところはこれだけではありません。この決済システムのおかげで、無人コンビニが爆発的に増えたのです。どういうことかというと、もし万引きでもしようものなら、それがすべて記録されてしまうので、最悪、アリペイが使えなくなってしまうのです。すると、キャッシュレスが進みすぎた中国では、何も買うことができません。その結果、コンビニが無人でも万引きなど起こらないのです。

人民日報によれば、2017年の中国のモバイル決済総額は202兆9300億元（約3300兆円）に上るといいます。もはや、中国経済のすべてがQRコードで動いていると言っても過言ではありません。

そして、恐るべきことに、中国では、こうした支払履歴などの情報がビッグデータとなって、巨大な格付けシステムが構築されようとしているのです。

意味がわかりにくいと思いますので、『ニューズウィーク』（2018年5月2日）に掲載された「14億人を格付けする中国の『社会信用システム』本格始動へ準備」という記事を一部引用しておきましょう。

《中国で調査報道記者として活動する劉虎（リウ・フー）が、自分の名前がブラックリストに載っていたことを知ったのは、2017年に広州行の航空券を買おうとした時のことだった。航空会社数社に搭乗予約を拒まれて、中国政府が航空機への搭乗を禁止する「信頼できない」人間のリストを保有しており、自分がそれに掲載されていたことに気づいた。

劉は、2016年に公務員の腐敗を訴えるソーシャルメディアに関する一連の記事を発信し、中国政府と衝突した。政府から罰金の支払いと謝罪を強要された劉はそれに従った。これで一件落着、と彼は思った。だがそうはいかなかった。彼は「不誠実な人物」に格付けされ、航空機に乗れないだけではなく、他にも多くの制限を受けている。「生活がとても不便だ」と、彼は言う。「不動産の購入も許されない。娘を良い学校に入れることも、

高速列車で旅することもできない」》

買い物履歴を見ると、その人の「生活」が見えてきます。たとえば、月に1回「おむつ」を買う人は、おそらくは育児中で、親としての責任感にあふれた人物であると推察されます。すると、この「社会信用システム」でわずかながら評価が上がるのです。こうして、今の中国は「評価社会」という新しい時代に突入したのです。善人であればあるほど社会から優遇され、悪人であると、もはや買い物さえできないというわけです。

この「社会信用システム」制度は、２０２０年までに中国14億人すべてに適用されることになっています。フィンテックの行き着く先は、実は「いい人」を強制的に量産する社会だったのです。

日本でも、ヤフーやＬＩＮＥが「信用スコア」事業への参入を始めました。ドコモも、金融機関向けに「ドコモスコアリング」の提供を開始しています。「ＰａｙＰａｙ」などＱＲコード決済が始まった日本も、そのうち中国のようになるのでしょうか。その是非は私にはとても語れませんが、それは大いなるビジネスチャンスの到来であることだけは確かなのです。

第4章

バリューチェーンの再構築

規制だらけの建設業

私はプラットフォームを「Aをしたい人とBをしたい人を結びつけること」と定義しています。プラットフォームには、リアル世界で結びつける「現物」と、ネット世界で結びつける「ウェブ」の2つあるのですが、前章まで、あえてごちゃまぜのまま議論を進めてきました。あまり現物の話を前面に出すと、読者の皆さんには話が届きにくくなると考えたからです。

しかし、私の専門は建築の建物ですから、この章では、リアルな現物である建物について詳しく説明したいと思います。

実は、建物の世界というのは、ありとあらゆる法律でがんじがらめにされています。

たとえば、土地には「都市計画区域」「市街化区域」「市街化調整区域」などがあり、土地の用途も住宅系、商業系、工業系で13にも分かれていて、どのような建物を建てていいのかルールが厳密に決まっています。

また、いざ建物を建てるにしても、一定の規模以上の建物には避難階段が少なくとも2つ必要である、日影基準を確保するため建物の形を変えなければならないなど、膨大な決まりごとがあります。

最近、農林水産省は「グリーン・ツーリズム」といって、豊かな農村での滞在旅行を推進していますが、実は日本の法律でこれを実施することはかなり難しかったのです。どういうことかというと、農地に喫茶店を作ることは「土地の用途」に反するため、長らく禁止されていたのです。しかし、２０１８年4月1日、このルールが緩和され、可能となりました。

私がここで言いたいのは、法律でがんじがらめになった建設の世界では、なにか建物を造るにしても、専門家がいないと何も進まないし、しかも、すべてを把握できるような専門家はほとんどいないということです。

顧客が持つ４つの願望

なんらかの建物を造りたいと考えたとき、発注者は何を求めているのか考えてみましょう。

まず発注者には、「収益を上げたい」「20年後の事業環境に即した資産形成を図りたい」「バラバラになったオフィスをまとめたい」など、さまざまな希望があります。これをいくつかの要素に分類すると、以下のようになります。

・ニーズ（needs：顧客の求める必要性）
・シーズ（seeds：事業になりうる技術やサービス）
・ウォンツ（wants：顧客の持つ潜在的な欲求）
・ウィッシュ（wish：顧客が持つ願望）

こうした顧客のニーズ・シーズ・ウォンツ・ウィッシュをキャッチして、その中からビジネスチャンスやビジネスモデルを考え、まずはそれを「事業戦略」として形にすることが必要です。これが施設建設にまつわる第一歩となります。

通常、事業戦略をおこなうときには、ヒト・モノ・カネ・情報の要素を基に戦略を立てていきます。人財、組織、資本、財務、法務、資材、知財などの情報を得ながら、事業モデルの形に練り上げていくのです。

事業戦略を練り上げ、その事業に建物が必要であれば、続いて「施設戦略」を立てます。

図16 バリューチェーンはここから生まれる!

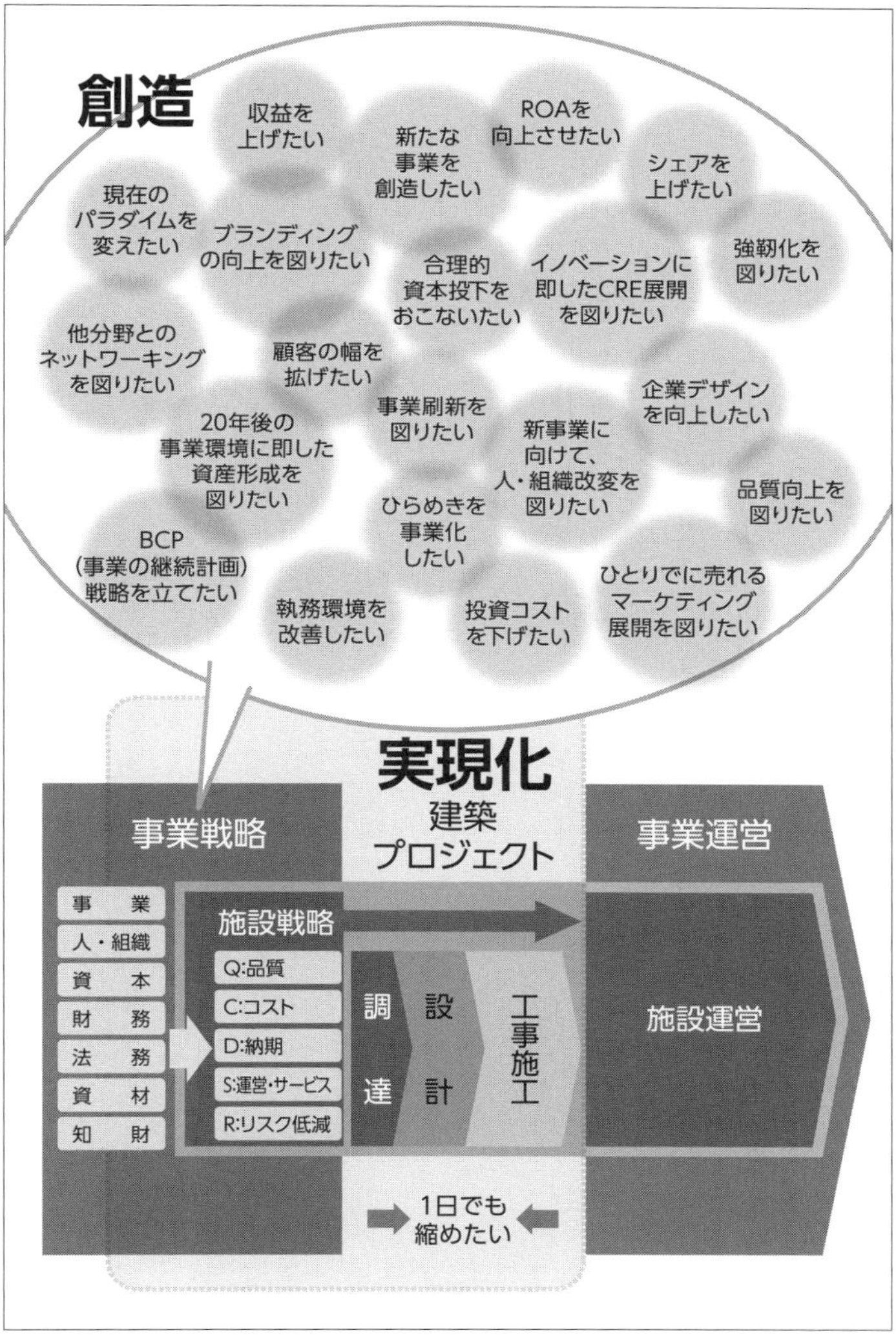

施設戦略は品質、コスト、納期、運営サービス、リスク軽減などを考えなければなりません。

施設戦略の考え方をわかりやすく説明するため、国立大学を例にあげましょう。国立大学は毎年予算が減り続け、どの大学も老朽化した設備の維持管理に苦しんでいるのですが、文科省は2015年に「大学経営に求められる施設戦略」を作成しました。

具体的には、以下の2つです。

（1）どのように修繕計画をたて、どのように財源を確保するか
（2）狭くなったスペースをどのように再分配するか

（1）では、東工大、富山大学、山口大学などで採用された「スペースチャージ」という考え方があります。要は、研究室の維持費の一部を教員が支払う仕組みですが、これにより、予算が確保しやすくなり、また無駄なスペースが返還されます。広いスペースが欲しければ、その教員は特許なり新事業なりで収益アップを目指すので、大学の成果も向上するでしょう。

（2）では、たとえば広島大学では学長に裁量スペースを与え、それをレンタルラボと

して活用していますし、山梨大学では、すべての施設を本部で一元管理する仕組みを整えました。

このように、どうすれば限られた建物を有効活用できるかが「施設戦略」の要というわけです。

事業戦略と施設戦略が立ったら、ようやく「建築プロジェクト」を決断し、資金調達が検討され、実際の建物建設に向けて動き出します。

ここで事業者の立場になって考えてみたいと思います。事業者であれば、事業戦略と施設戦略ができたら、次の日にでも運営を開始したいと思うでしょう。なぜなら、商業施設であれば、事業が始まるまで収入はなく、ただひたすらお金が出ていくだけだからです。

ビルひとつ建てるだけでも、

企画→調査・測量→設計→行政の許可→仮設工事→基礎工事→鉄筋・コンクリート工事→鉄骨工事→外装工事→内装工事→空調・電気工事→周辺工事……

と作業が延々と続くのです。いったい、どうしたらこの作業を効率化できるのか。できるだけ高品質で、低コストの施設を、なるべく短い期間で造りたいのは当然です。そこに、私の会社のようなプロフェッショナルが参入する必要があるのです。

事業用施設の利益のあり方

建設中の事業用施設は、ただひたすら出費が続くだけで、当然ながら収入は1円もありません。ずっとお金が出ていくだけです。

建物の引き渡しが済み、運営が開始されて、初めて収入が生まれます。以降は、何十年にもわたって収入を得ることができますが、当然、建物の管理は必要なので、支出もあります。ランニングコストとして保全費、運用費、修繕・更新費、保有費の4つがあります。単純な清掃費、ガス電気の使用料はもちろんですが、たとえば、エレベーターや防火設備は1年に1度の検査が義務付けられています。壁が剥離したら、ペンキを塗り直さなければなりませんし、維持費はかなり膨大になります。

収入から支出を引いた残りが利益ですから、投資したお金を取り戻して、さらに利益を上げるには3つの要素しかありません。

（1）新事業で新しい収入獲得フレームを創り出すこと
（2）いまある収入をさらに拡大すること
（3）投資も含めて支出を抑えること

このなかで最も重要なのは（1）であり、これこそが事業創造なのです。これを軸に、（2）（3）の優先順位で考えていくのです。

プロジェクト・ファイナンスの有効性

なにか事業を始める場合、その資金は「プロジェクト・ファイナンス」で集める事例も増えてきました。前章でも触れましたが、重要なので改めて触れておきます。たとえば巨大なソーラーパネル発電所を造るなら、

・運営企業の信用や財産はどれくらいか？
（これがコーポレート・ファイナンスの判断基準となります）
・メガソーラーが生み出す利益は？（返済の原資）

・出資者を複数集めて負担額を減らせないか？（シンジケートを組織）
・土地の信頼性、災害対策、事業継続性は？（リスクヘッジと保険）
・出資者の責任はどこまでか？（有限責任のノンリコースローン※）

などを総合的に勘案してお金を集めることがプロジェクト・ファイナンスなのです。

しかし、プロジェクト・ファイナンスがなかった2000年以前は少し考え方が違いました。昔は、建物を造ると資産価値が生まれ、極端なときはそれが10倍にも20倍にもなる時代でした。少なくとも2〜5倍になるのは当たり前で、それを元手や担保にして次の事業をおこなうことができました。

当時は企業の信用力にお金を貸すコーポレート・ファイナンス一辺倒で、建物を造れば儲かるという考えが日本を支配していたのです。強固な土地神話の下で、お金をかけていい建物を造る時代だったのです。

それがバブル後の1996年あたりから、考え方が変わってきました。金融ビッグバンによってプロジェクト・ファイナンスが誕生し、2000年に法制化されました。実際にプロジェクト・ファイナンスが始まってみると、運営によって利益を生み出し、事業を保

※ノンリコースローン　責任の範囲が限定されたローン。たとえばアメリカでは、ほとんどの場合、家のローンが払えなくなったら、家を返納すれば残りのローンは消滅する
※ROA　Return On Assets　総資産利益率
※BS　バランスシート（貸借対照表）

持しなくてはいけない（先の例でいえば配電と売電をしっかりおこなうこと）とわかってきました。

一方で、それまで絶対視されてきた土地の所有が、大きなリスクになると考えられるようになりました。担保が減損したり変動したりすると、安定的な企業経営ができないからです。

それで、できるだけ持つ資産を小さくして、稼ぐことによって利益を大きくする考え方、つまり、ROA※を高くしようとする発想が主流となったのです。

それはプロジェクト・ファイナンスによってもたらされた発想で、資産主義からの脱却です。法制化後、10年くらいかけて投資家の考え方が変わり、いまはコーポレート・ファイナンス側でも収益を上げることで事業を存続させるのが一般的になりました。

まさにBS※主義からオペレーション主義への転換です。

こうした経済の仕組みや概念の変化により、顧客の要求も大きく変わりました。顧客の要求に応えて、お金が出ていく一方の建築プロジェクト期間を短縮し、すばやく運営に移行しなければなりません。

しかし、効率的に建築プロジェクトを進めるだけではダメです。まずは事業戦略と施設戦略の部分に注力して、絶対に成立するビジネスモデルを創ることが最重要なのです。現代のビジネスでは、この事業戦略と施設戦略を策定することで勝負がほとんど決まるといっても過言ではありません。誰よりも先に、他の企業よりなるべく早く収益力のあるビジネスモデルを創り上げ、その後は、とにかく早く要望どおりの施設を造っていくのが最善なのです。

事業と施設を俯瞰して全体のメカニズムを構築する

やや専門的になりますが、以上の話を財務的な側面から考えてみます。

施設を造り、資産を作るということは「簿価」を形成するのと同じです。簿価とは、帳簿に書かれた資産の金額です。

資産は簿価で形成されていて、それを元手に運営がおこなわれます。つまり、建物を造る総額と、その建物から生み出されるお金がイコールであれば、赤字は生じないことになります。

たとえば、シャッター1個が100万円とします。シャッターが10個あれば、帳簿には1000万円と書き込まれます。ほかにも、扉やエレベーター、もっと言えば柱や天井、

※PL　損益計算書
※BS　貸借対照表

窓1個まで値段がついており、そうした細目の集積が全体の資産内訳になります。

部品の積み重ねでできた簿価が10億円だとしたら、そこから生み出されるお金が10億円なら赤字ではありません。つまり、簿価（建物代）が安ければ運営は楽になります。

また、10億円の収入があっても維持費、修繕費が高ければ、実際の収益は落ちます。これが、なるべく建造費、維持費を削減したほうがいい理由です。

簿価は、減価償却によって翌年は減っていきます。仮に翌年の簿価が9億円になったら、運営収入が9億円であれば赤字ではないということです。

その基盤を作った上で、収入と支出と減価償却の累積で収支が決定していきます。PL※とBS※、利益と資産は年々変わっていくわけで、それを見ていくのが経営です。

ここで気をつけなければならないことは、コスト縮減ばかりに主眼を置かないことです。これに注力してしまうと方向を見失います。最も大切なことは、新しいビジネススキームを考え抜き、より収益を上げる努力をおこなうことです。投資と費用を合わせた予算枠（バジェット）を見据え、その枠内に抑えていく発想が重要なのです。

こうした考え方は、経営者には当たり前ですが、残念ながら、この概念を理解している設計会社や施工会社はほとんどありません。すべてが途切れ途切れになっているからです。

財務会計と建築の要素をすべてミックスして考えられる人財は皆無に等しい状態です。

しかし、本来であればＰＬとＢＳ、目標償還までのメカニズムを考えて建物を造らなければなりません。しっかりとした事業戦略や施設戦略を作り、収支の状況を鑑みていく作業が今後はさらに重要視されるでしょう。

その際、欠かせないのが建設バリューチェーンの再構築です。

コンカレント・エンジニアリングの時代

これまでは、施設を造る場合、すべては決められた順序・順番どおりに進められてきました。まずは構想があり、次に企画と呼ばれる基本計画があり、その後、基本設計と実施設計があり、工事を発注して建物を完成させ、それを引き渡してやっと運営に入るという順番で進めるのが固定化された概念だったのです。

その見方が大きく変わったのは２０１４年です。民間では昔から採用されていた「多様な発注方式」が公共工事でも可能になりました。たとえば、最初に基本計画を作ったら、設計前の段階ですぐに発注をします。そして金額、事業の品質と条件を決めれば、あとは設計も工事も同時におこなうことができるようになったのです。

※コンカレント　Concurrent

これで全体の風向きも変わり、「多様な発注方式」を採用する民間企業も、さらに拡大しました。ひとつひとつの工程をバラバラに順序立てておこなうより、同時並行的に進めれば、当然、全体の納期は早くなります。予算も立てやすくなり、資金調達もやりやすくなりました。

信じられないかもしれませんが、以前は、予算100億円の施設なのに、いつの間にかハイスペックの建物になっていて、そのまま見積もりしたら120億円以上、というような事態が当たり前のようにありました。そうなると入札などをやり直さなければなりません。

こうした二度手間を防ぐために、設計会社と工事会社のコラボレーション（コンソーシアム）も含めて一緒にやってしまおうという流れになっています。すべてを同時並行的に進めることは、当然、技術面でも難易度が高いのですが、逆に言えば全体が極めて合理的、効率的になります。

同時進行、並行作業のことをコンカレント※といいますが、製造業では当たり前だったコンカレント・エンジニアリングが、いまようやく建設業でも当たり前に受け入れられるようになってきたのです。

こうしたコンカレント・エンジニアリングが、発注者も安心してできるようになった理由は、私たちのような会社が出てきてＰＭ（プロジェクト・マネジメント）やＣＭ（コンストラクション・マネジメント）という第三者の立場で公正な判断をおこなう職能が登場したからです。金額を最初に決めたあとは「ここで●●をやると○○円上がってしまいますよ」と言って、総予算をコントロールするのです。ようやく今では、最初に決めた金額で、同等またはそれを上回る品質の建物ができるようになりました。発注者側でも、受注者側でも、初期段階で完成形を見通す技術がより発展したからです。２０００年頃から15年ほどかけて、建設業界は大きく変わったのです。

建設のマネジメント技術が発達したことで、緻密な条件設定や基本計画が立てられるようになりました。さらに、金銭面でもリスクの少ない発注および受注が双方でできるようになりました。

話をわかりやすくするため、自動車の製造を例に取ってみましょう。デザイナーが車をデザインし、それと同時並行でエンジンやシャシーを開発し、ホイールもドアミラーも座席も一緒にデザインされていきます。

そして、それぞれの部品に見合った調達、製造の合理的ラインが同時に構築されていくのです。まさにコンカレント、同時並行的に作り上げるテクノロジーです。それを建設産業にも当てはめたのです。

こうしたコンカレント・エンジニアリングを公正な形で本格的にやり始めたのが、1997年に創業した私の会社です。少し長い期間を要しましたが、いまは社会にも根付き、きちんとしたマネージャーが全体をプログラムして、しっかり見ていくようになったのです。さらに、契約体系から技術体系までを網羅したマネジメント技術により、桁違いの効率化に向けて拡大展開を図っているところです。

付加価値と弱みの分析

自社や競合他社の事業を綿密に検証し、どの過程でどのくらいの付加価値を得られるのか分析することをバリューチェーンといいますが、なるべく効率的に建物を建てるために、建設バリューチェーンの再構築が着々と進化しています。

前章で説明した「7つの領域」のひとつに、もともと私は「建設バリューチェーンの再構築」を入れていました。建設産業はGDPから見ると約50兆円のポテンシャルがあります。この金額には住宅も含まれており、将来的には少し減る可能性もありますが、産業としては末永く安定感を持ち続けると予測したからです。これだけの規模の産業を無視するのは「もったいない話」でしょう。

これまでのバリューチェーンは、以下の4つがつながっていました。

（1）企画などの「事業戦略」「施設戦略」
（2）設計や施工といった「技術」
（3）仕上げ、実装などの「技能」
（4）実際のビジネスである「運営」

日本では、昔から技術や技能については得意分野でした。職人の世界、日本の秀逸な技術・技能は世界に冠たるもので、素晴らしい評価も得ています。設計や施工、工事の技術は強くつながっていて、それは日本独自の「守破離」という思想に通じていると思っています。「守破離」とは茶道や武道などの「○○道」に用いられることが多いのですが、文字どおり、師の教えを「守」って、さらに既存の型を「破」り、その師の流派から「離」れて独自の道を創り出すことを言います。少し古臭い考え方のように感じるかもしれませんが、日本人には「守破離」のＤＮＡが脈々と根づいているように感じます。

建設の現場にも「守破離」のメカニズムが生きていて、技術者から技能者、職人、作業員、警備員にいたるまで全員に品質向上意識と責任感が共有されています。そうした意識は最近では薄れてきたともいわれますが、外国の現場はもっとドライなので、やはり日本人らしい精神はまだまだ息づいていると感じます。

そして日本の現場は、いったんまとまれば、会社を超えてでもチームワークで結束します。契約で分かれていても「契約を超えて、全員で問題を解決しよう」という考えがあります。海外では「お前が悪い」「訴訟をする」となって、裁判をしながらすり合わせしていくことが日常的です。

このように、技術から技能にかけては日本が得意ですが、その前段階の企画や後段階の運営、さらにそれぞれへのリレーションは不得手といえます。そこをうまくマネジメントできれば、商売の成功は間違いないでしょう。

私は自分の専門とする建築の分野で、まずはきちんと言葉で有形の伝承にしたいと考えてきました。守破離の精神を文章化・視覚化することで、きちんと継承できるのではないかと考えています。これを私は、「守破離の科学的展開」と名付けています。これをビジネス全般で拡大展開していけばよいのです。

日本ではどの産業でも当たり前のように感じられる職人の世界ですが、外国人から見たら惚れ惚れするような仕事ばかりなのです。その知識や技能を文章化、視覚化することで、日本のテクノロジーをうまく生かせるコツにつながり、長く徒弟制度が続いた分野にも新しい風を吹かせることができるのではないかと思っています。

別の業界で同じようなことを考えていらっしゃる方もいます。京都の老舗料亭の菊乃井の三代目ご主人、村田吉弘さんは、日本料理を次世代に伝えるべく、有形の伝承に尽力されています。正しい日本料理を伝えるためにレシピも多く発表されており、私もそれに倣って、自分がおこなっている建設の有形伝承を「レシピ化」と呼んでいます。

竣工図書データという宝の山

話を戻しますが、少し前まで事業戦略と施設戦略は完全に分断されていました。本当は一番重要な部分なのですが、事業戦略と施設戦略がパッケージングされることはほとんどありませんでした。

たとえば工場であれば、箱物は箱物で造り、後で内部に製造ラインを入れる具合でした。

図17 建設バリューチェーンの再構築

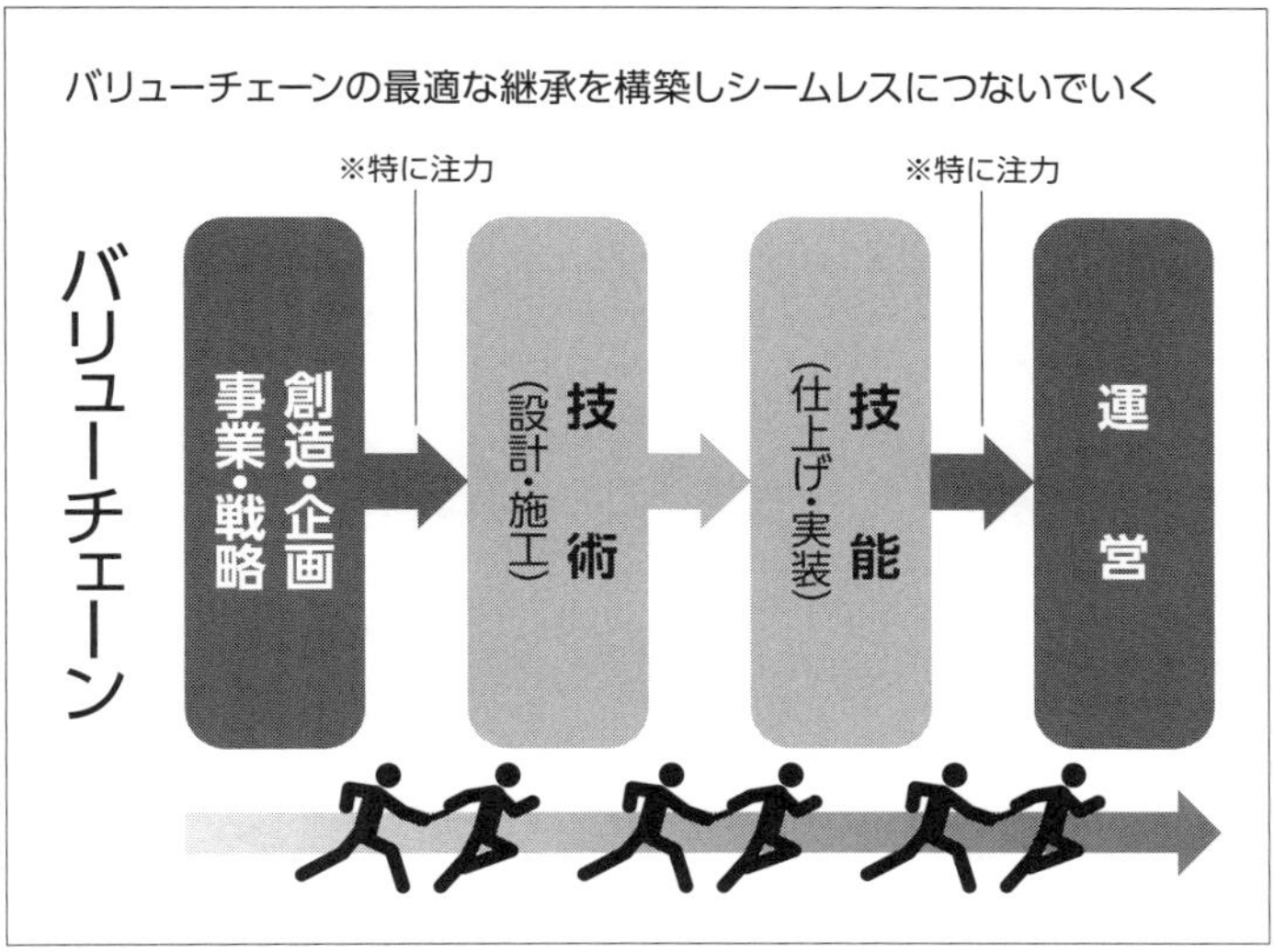

それが現在では、自動車のモノコックボディと同じで、ラインと建築物がつながっています。効率的によりよい建物が造れる時代ですが、実は、建物が完成しただけで話は終わりません。

私たち建設分野の会社が、事業者へ最後に引き渡すものは2つだけです。実際の建物とその建物のデータである竣工図書類です。竣工図書とは、建物の仕様や使い方を説明するマニュアル、竣工図面を含む各種の書類です。

先に、簿価の話をしましたが、運営は常に簿価を頭に入れて動かないとあっという間に赤字になってしまいます。赤字にならないようにするには、

・事業の運営（ビジネス・オペレーション）をどうするか
・施設の運営（ファシリティ・オペレーション）をどうするか
・資産の運営（アセット・マネジメント）をどうするか

が必要になるのです。このとき役立つのが竣工図書です。引き渡す建物の真の最終情報は、すべてこの竣工図書だけに集約されます。

竣工図書は、ドアの値段からエレベーターの使い方まで書いてあるわけですから、紙にすると膨大な量になります。

竣工図書データには３種類あります。

（1）契約上の書類
契約上の資料で、工事完了証明書や引渡し授受書、鍵の引渡書、鍵のリスト、竣工引継書など

（2）運営上の資料
設計説明書、取扱い説明書、ＢＩＭデータ、施工業者・下請業者リスト、ＬＣＭ※計画書

※LCM Life Cycle Management 資産効用の最大化

など

（3）資産資料

竣工図面、竣工写真、各種認可申請書類、最終工事費内訳書など

このデータがないと何が起きるのでしょう。

まず、趣旨どおりに建物が使われない可能性が高くなります。新造された東京の豊洲市場を考えてみましょう。荷重量を超えたトラックが移動すれば、床が傷んでしまうかもしれません。また、ガラスの大きさやペンキの色がわからなければ、修繕の際も一苦労です。

竣工図書は証文のように扱われる資料なので、これがないと建物の資産価値も全然違ってきます。ところが実際に建物を使っているうちに、この書類やデータが紛失することも少なくありません。ビル運営会社に貸したら戻ってこなかったり、改修したのにデータはそのままだったりします。

ずいぶん前の話ですが、ダイエーの旗艦店だった碑文谷店で大リニューアルした際、竣工図書がなかったことで、非常に時間と労力がかかったことがあります。このように、建物には、竣工図書は必須です。ウェブ上のサービスでも、プログラムの種類や構造がわか

らなければ、システムの改造に苦労するでしょう。建物もウェブサービスも、話は一緒なのです。

私の会社では、この竣工図書データを非常に重視しています。

建物の資産価値を高めるだけではなく、ＩｏＴ※の資源がここに集約していると考えるからです。

将来的にはＩｏＴでデータを集めて、さまざまなＡＩアプリにつながり、自動コントロールや自動制御、自動資産構築、自動設計、自動生産を実現しようとしているのです。そのためにも、ＢＩＭ※のみに頼るのではなく、データをきちんと管理しておくことが重要です。後述しますが、この竣工図書データが、将来的にはブロックチェーンの基盤となるでしょう。

※IoT Internet of Things　さまざまなモノやサービスがインターネットに接続されること。冷蔵庫が足りなくなった牛乳を自動で注文したり、外からスマホでクーラーの電源を入れたりすることが可能に
※BIM　Building Information Modeling（ビルディング・インフォメーション・モデリング）。コンピューター上に作成した建物の3次元モデルに、管理情報などを追加した建物データベースを作り、あらゆる工程で活用すること

第5章

すべての産業は「統合化」される

産業も街もインテグレーテッド化する

すべてのビジネスはどんどん拡がっていき、すべてがネットワーク化する世界になっています。新しいビジネスモデルのプラットフォームができあがったら、それを中心として、インフラの変革や新しい仕組みビジネス、新技術などが次々とネットワークでつながっていくのが理想です。

第3章で述べた、ニュービジネスの起点となる「7つの領域」は、それぞれが連鎖しながらインテグレーテッド（統合）化していきます。ビジネスとビジネス、あるいはビジネスと施設、さらには未知のビジネスと既存のビジネスを巻き込んで、施設とつながっていくのです。

このインテグレーテッド化は、施設内だけの話にとどまりません。街も機能的な部分は中心部に集まり、コンパクト化していきます。

中心部以外は自然を積極的に残したり、もしくは徐々に取り残されていったりするでしょう。私は、今の市町村制度が将来的に機能を持続していくことは難しいと考えています。

現在1800ほどある市町村のうち、独立してやっていけなくなる地域が800程度出てくるという予測もあります。

そうなると将来的には道州制へと進んでいくしかないでしょう。つまり街も地域もインテグレーテッド化し、集約・統合に向かうのは確実なのです。

インテグレーテッド化のモデルは「iPhone」

産業や施設は、今後どのような形で集約・統合していけばいいのでしょうか。私はiPhoneがわかりやすいモデルだと考えています。

今では当たり前のように誰もが使っているスマートフォンですが、これもある日、突然に発明されたわけではありません。まずはガラパゴス・ケータイ、つまりガラケーと呼ばれる携帯電話の時代が長く続きました。そのガラケーにカメラ機能が搭載され、それが当たり前になりました。また一部はタッチパネルになりました。これはハード面の進化です。

一方でガラケーの進化とは別に、アップルはiPodを開発しました。iPodにはiTunesシステムが内蔵されていて、音楽や映像を集めることができます。やがてネットのストアができて、あらゆる音像や映像を購入できるようになります。これはソフト面の進化です。そしてｉＰｏｄもタッチパネルになりました。
ハードとソフトは別々に進化していきましたが、それを見事に合体させたのがｉＰｈｏｎｅだったのです。つまりガラケーとカメラ機能とタッチパネル機能、そしてｉＴｕｎｅｓシステムが合体してスマートフォンが誕生しました。いろいろな機能が融合、統合したものがｉＰｈｏｎｅなのです。

これを施設で考えてみましょう。ｉＰｈｏｎｅでいえば本体そのものはハードにあたり、同じように考えると建物がハードになります。ｉＴｕｎｅｓシステムを施設に当てはめて考えると、建物の電気や空調などを自動制御できるコントロール機能がこれに相当します。この自動制御ソフトはまだまだ未完成で、これからいろいろと構築していかなければなりません。そしてさらに、新たな情報制御機能とつながっていくことになるでしょう。

人がいない部屋は自動的に換気や電気が止まる程度でしたら、今すぐに実現できます。では、会議が終了したら、建物自体が、自動的にその階までエレベーターを呼び出すなんてどうでしょう？

今の技術なら、ビルの入場者を自動検知し、怪しい動きをする人物を自動追尾して犯罪を予見する仕組みもほぼ実現できます。

図18 インテグレーテッド化の概念

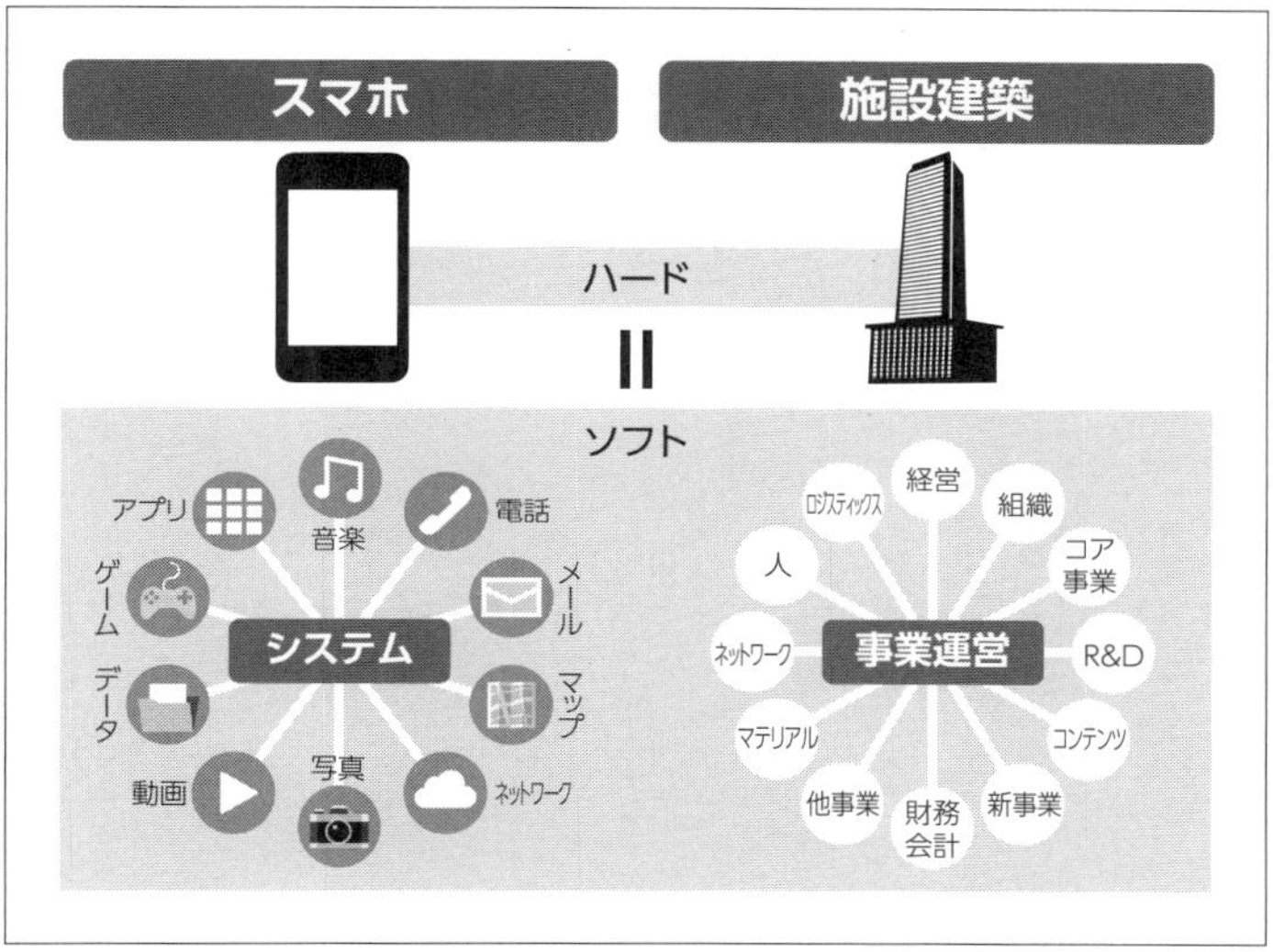

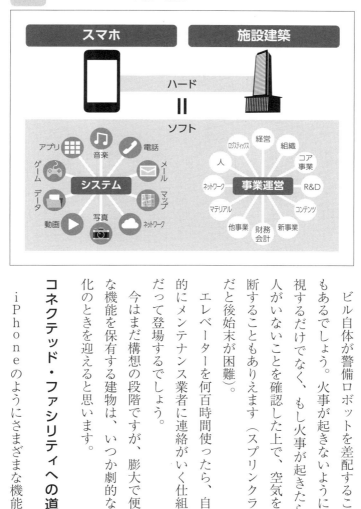

ビル自体が警備ロボットを差配することもあるでしょう。火事が起きないように監視するだけでなく、もし火事が起きたら、人がいないことを確認した上で、空気を遮断することもありえます（スプリンクラーだと後始末が困難）。

　エレベーターを何百時間使ったら、自動的にメンテナンス業者に連絡がいく仕組みだって登場するでしょう。

　今はまだ構想の段階ですが、膨大で便利な機能を保有する建物は、いつか劇的な進化のときを迎えると思います。

コネクテッド・ファシリティへの道

　iPhoneのようにさまざまな機能が

集約・統合していった先の究極概念にあるものとして、私の会社ではコネクテッド・ファシリティと位置づけています。これは文字どおり、コネクテッド・カーの建物版だと思ってください。

コネクテッド・カーはインターネットや情報インフラと常時接続することで、自動制御や自動運転、車両管理などを目指して開発されています。

私たちの考えるコネクテッド・ファシリティには3つの定義があります。

(1) 施設建築が90%以上のモノやサービスにつながっていて、そのすべてを制御することができる

簡単にいえば、電気や空調、セキュリティや建物の中にあるいろいろなモノやサービスがインターネットとつながって、それをすべて自在に制御できるような状態です。

(2) 施設建築の運営管理・資産管理が自動化される

施設の運営管理や資産管理はわかりにくく、経営者にとって一番嫌なところです。たとえばクラウドで会計ソフトとつなぎ、それで施設の減価償却や状況、費用や資産に関連することがすべてわかるようになれば、複雑な財務会計やその戦略に関する労力の90%

図19　コネクテッド・ファシリティの概念

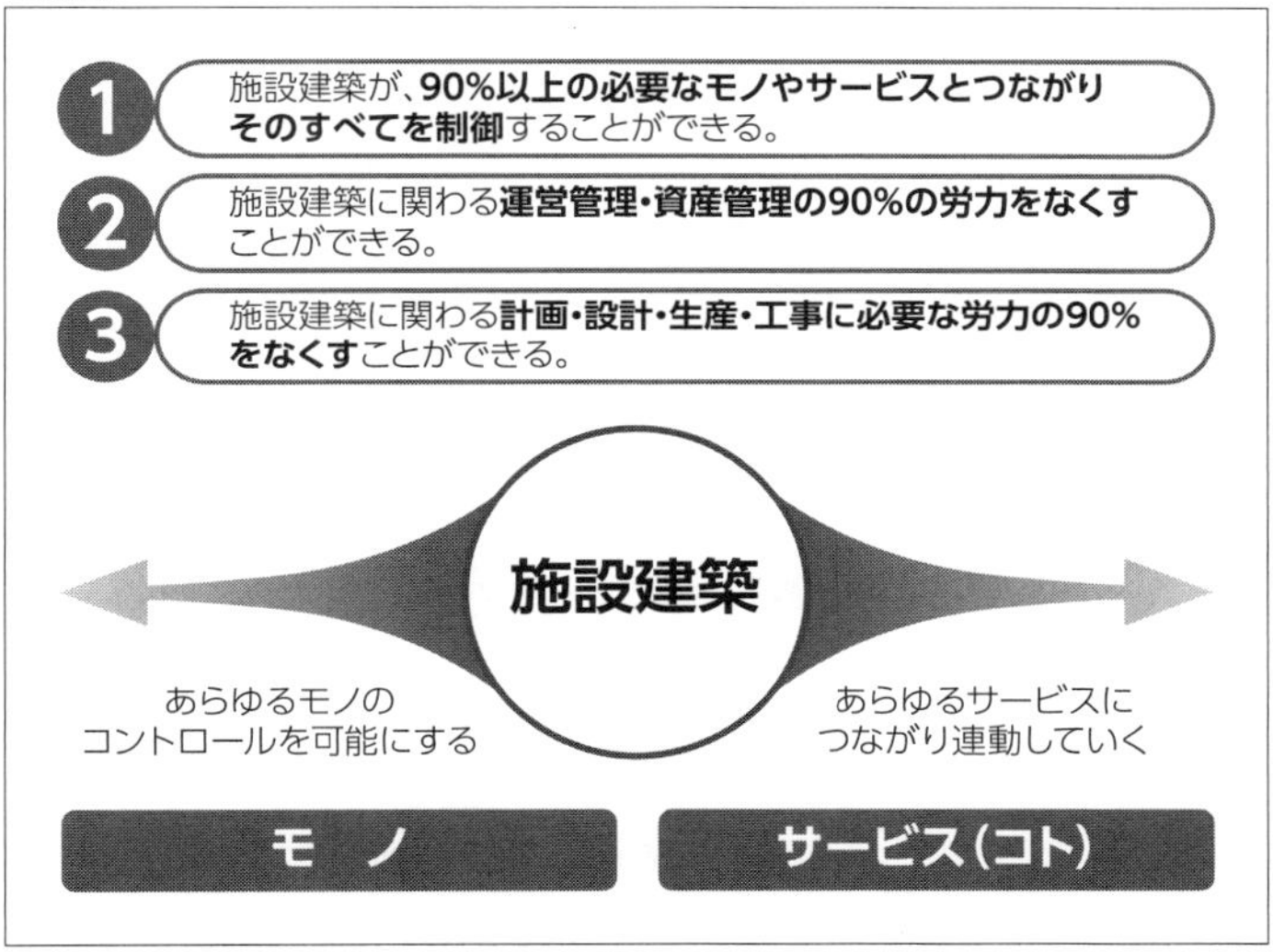
1
施設建築が、**90%以上の必要なモノやサービスとつながりそのすべてを制御**することができる。
2
施設建築に関わる**運営管理・資産管理の90%の労力をなくす**ことができる。
3
施設建築に関わる**計画・設計・生産・工事に必要な労力の90%をなくす**ことができる。
施設建築
あらゆるモノのコントロールを可能にする
あらゆるサービスにつながり連動していく
モノ
サービス(コト)

を削減できるといっても過言ではありません。

(3) 施設建築の設計が自動設計になり、生産も自動生産になる

自動で施設の設計ができるようになり、自動生産と一連でつながっていくことが、私たちのコネクテッド・ファシリティの最終目標です。ここに到達するまでには、さまざまなデータを蓄積し、それを活用する技術が必要になります。

(3)は(1)(2)よりはるかに時間はかかるでしょう。

しかし、まったくの夢物語ではありません。いまでも、アマゾンの通販・配送シス

テムは、かなりの部分が自動化されています。コネクテッド・カーもあと一歩で実現可能です。そうした他産業の進歩を感じながら、建設産業も進化しようと模索しているのです。

ＩＴのプラットフォームでは、「仕組みを創れば自動的に稼げる」ことが最善とされますが、同じように、巨大な建物が勝手に稼いでくれれば素晴らしいことでしょう。こうした「稼げる建物」を自動で設計して自動で建造できるようにしたいのです。

これからの建物は、当然のようにＩｏＴでつながり、ＡＩによって管理や運用の仕方が変わっていきます。そのときに集まる膨大なデータを安く安全に管理し、必要なときにすぐ使えるようにする鍵がブロックチェーンとなります。もちろん、建設だけにとどまる話ではありません。このブロックチェーンについては次章で詳しく説明したいと思います。

レコメンド（おすすめ）をもたらしたビッグデータ

オムニチャネル拡大の糸口であり、フィンテックのキーワードになっているのがビッグデータです。どこの企業もビッグデータがマーケティングに有効な資源だと気づき始めています。ビッグデータで得た情報からマーケティングして、今まで考えもつかなかった新しいビジネスモデルを誕生させることができます。新ビジネスモデルを考えついたら、次にどうやって組み合わせたり自動化できるかをイノベーションすればいいのです。

こうした一連の流れが、プラットフォームの礎になるはずです。もちろんプラットフォームは簡単には創れません。まずは簡単な課金システム、マネタイズで資金を得て、小さなビジネス・ルーティンを作ることが、未来のビッグビジネスにつながっていきます。

グーグルは、最初から巨大な企業だったわけではありません。「リンクがたくさん貼られたサイトはいいサイト」という単純なアイデアを思いつき、それを検索サイトに落とし込んで基礎を固め、そこから徐々に違うフェーズへ進化していったのです。

アマゾンも同じです。最初はインターネットを使ったオンライン本屋さんにすぎませんでした。それが、今では売っていないものはないほどの巨大小売りへと成長しました。

アマゾンはビッグデータを上手に利用していることでも知られています。買い物を重ねていくと、だんだん自分の興味あるものを組み合わせてレコメンド（おすすめ）してくれるようになります。これもビッグデータを集積した結果です。

今後ＡＩが発達することで、アマゾンが集めたビッグデータは、ますます広範囲で利用されていくでしょう。

日本の利点をもう一度振り返る

世界経済は、ここ数年激動を続けています。2017年、アメリカにトランプ政権が誕生し、自国優先の傾向が顕在化しました。世界は、グローバル資本主義経済と国民国家経済の大きく2つに分類され、その利益相反の関係性が浮き彫りとなりました。

企業は本拠地で法人税を払うので、グローバル資本主義経済では最も有利な場所や国に本拠地を置きます。つまり本拠地のある国が、グローバル企業の富の大部分を得るのです。

企業は、最も合理的な手段や仕組みによって事業を展開しようとします。タックス・ヘイブン（租税回避地）で一番お金の回る事業をやり、一番儲かる国に投資して製品やサービスを送り込むのは当たり前のことです。税金の少ない国を求めて企業も人も移動しますが、当然、特定の国家への帰属意識はありません。

一方で国民国家経済というのは、歳入と積み上がった資産によって国家を運営していきます。歳入とは法人税や所得税などの税にあたります。

日本人は、日本の企業は日本に本社があるものだと信じがちですが、今の時代、世界本社は必ずしも日本に置かれません。たとえば、ある日用品メーカーは、大阪に本社を置いていますが、グループ全体を統括するグローバル本社はスイスにあります。さらに、接着剤部門の本社は、シンガポールに置いています。これが悪いことだというわけではありませんが、少なくとも日本に入る法人税は減少していきます。

つまり、政府は国富の流出を抑止する手段を考えなければなりません。企業の本拠地がなくなると法人税が入らないので、その会社の製品やサービスはいろいろあるのに、企業に儲けられて一方的に終わってしまうのです。国は、企業から吸い取られるだけの構造から脱却する方法を考えなければなりません。そのため、国際競争力のある企業や人財、知財を自分の国で確保するのが、最重要課題になります。国民国家として安定的な基盤を敷いて、国民に供していくのが、まずは最も重視すべき点です。

ここで、もう一度、グローバル企業について考えてみましょう。グローバル企業になり、祖国を離脱されると、途端に富が流出していきます。その最先端はもちろんアメリカですが、韓国も相当な状況になっています。

韓国は1997年のアジア通貨危機で、事実上、破綻しました。アメリカの影響下にあるIMF（国際通貨基金）の管理下に置かれ、一気にグローバル化が進みました。韓国の10大財閥はほとんどがグローバル企業になっていて、企業がいくら儲けても、国内には富が落ちない仕組みになっています。韓国には大手銀行が7つありますが、純韓国系資本はウリィ銀行ただ1社です。

日本政府、現政権はそれをわかっていて、日本が同じようにならないような政策を打ち出しているのです。

最近、政府の「巨大IT規制検討会」が、楽天やヤフー、グーグル、アップルなどに事情聴取をしましたが、これも対策の一環です。

私は、企業のあり方を考えるときに、国民と国家というのは不可分だと思っています。国民が税を払い、福祉や保険制度を享受し、国の社会制度の中でしっかりと健全に暮らしていくことが一番大切です。

べつだん国粋主義者ではありませんが、社会生活の基盤である国家の安定というのは、やはり第一に考えるべきではないでしょうか。

企業の目線で考えると、グローバル戦略や海外戦略は大切ですが、まずは日本という国が安定して富を得て、その基盤を得て、海外戦略を考えることが基本だと思っています。

それが、私たちの会社のビジョンです。

建設業界の抱える古い構造とは

私のいる建設業界の話を、もう少し続けたいと思います。

どこの業界も同じかもしれませんが、建設業界も昔は建築家がトップにいて、その下に徒弟制度のような構造があり、いびつなヒエラルキーがありました。

しかし、それもいまや昔の話となっていて、２００７年に発覚した名古屋地下鉄談合事件や、２００５年に発覚し２００７年に大量の逮捕者が出た橋梁談合事件の影響で、このような構造はほぼなくなりました。談合一掃だけでなく、プロジェクト・ファイナンスが導入され、透明性が高まってきたことも大きな理由のひとつです。

そうしたなか、私は日本では知られていなかった建築マネジメント分野を手探りで開発してきました。

かつては、たとえば設計者の分際で、事業創造やビジネスモデル創造に手をつけてはいけないといった考え方がありました。設計者は建物を設計するのが仕事であって、建物をどう生かすかを考えることはなかったのです。

工事会社が設計者のやり方と異なる方法を選択するのも、基本的には受け入れられませんでした。

これは工事会社が設計者に盾突くというような意味合いではありません。「こうしたほうがいいのでは？」という、よりよく進めるための提案も、膠着(こうちゃく)した制度の関係上、受け入れられにくいものでした。

他産業のやり方を自産業に当てはめる

建設産業には、基本的に今までのやり方を疑ってみる、常識を度外視して考えるといった文化はありませんでした。

そこで、私が実際に建築マネジメントの仕事を始める際、まずは他産業のやり方をよく観察するようにしました。他の先端産業は、どのように発展して、どのように先端部分を見つけ、どのように合理化してきたのかを考えました。流れ、構成、サプライチェーン（調達、製造、管理の一連の流れ）、バリューチェーン（強み、弱み）を研究しました。それを自産業、つまり建設産業に当てはめることができないか考えたのです。

自分たちの産業なり、会社なり、もちろん自分個人なりが持っている資源や資産、リソースを全部一度棚おろししてみて、そこから再構築の方法を見つけていきました。そこに他者との差別化のきっかけが眠っているのではないかと思ったのです。

観察した産業はＩＴ業界などいろいろありますが、製造業もいいお手本になりました。前章で詳しく書いたコンカレントです。建設産業にも事業戦略と施設戦略を策定すれば、明日にはもう施設運営ができるくらいの強烈なワープがあってもいいのではないでしょうか？

これは建築の話を例にしていますが、たとえば「美味しいお酒を売りたい」と考えたときも同じです。

・お酒をどこで調達するか（海外の高級ワイン？　地方に眠るレアで美味しい酒？　味は凡庸だけど安い酒？）
・お酒をどこで売るか（ネット販売？　オークション？　駅前の店舗？　百貨店？　お店へのルートは？）
・同時進行できるビジネスは？（同じ地域の調味料を売る？　美しいグラスを売る？　珍しいツマミを出す？）
・どうやって拡めるのか？（ＳＮＳ？　イベントを開く？　有名人を使った大宣伝？）

などなど、考えるべき点はたくさんあります。しかし、ショップを作ってから仕入れるお酒を考えるのはおかしな話でしょう。上手なマネジメントによって、なるべく迅速に営業開始を目指すべきなのです。うまくすれば、今日のアイデアを明日実現させることも可能なのです。

産業を先進化させる鍵は事業の統合化

アマゾンは昔、書籍や雑誌を販売しているネット上の本屋さんでした。それがＣＤなどの音楽も扱うようになり、今はあらゆる物品を販売しています。余談ながら、アマゾンはいまでは〝ネットそのもの〟も販売し、ＡＷＳというサーバーで巨額の利益を上げています。このように、いまではすべてを含有した巨大なプラットフォームになったのです。

読者の皆さんも、ひとつだけのサプライチェーンで成り立っていたところを脱却し、プラットフォーム的なサプライチェーンになれないか模索してみてください。

前述したとおり、建設産業では事業戦略と施設戦略は、まったく別々におこなわれてきました。考える人がまったく違う業種の人だったのです。

たとえば事業戦略は外資系などの経営コンサルタント会社がおこない、次に私たちの会社のような立ち位置のエージェントが出てきて施設戦略を立てます。マーケティングは広告代理店やＰＲ会社が担ってきました。

設計者や施工者がいて、次に運営管理会社がビルを運営していきますが、ビルの建設者と運営者は、断絶しているといっても過言ではないほど別々の産業で、考え方もまったく違うため、当然、リレーションはうまくいきませんでした。

私は、そうした分業制を改善し、もっと統合して、施設の企画・設計から運営までを一貫してシームレスにできないか模索したのです。結果、私の会社のような施設戦略を考えるチームが、事業戦略を検討支援する一方で、設計・施工・工事から運営まで、ワンストップでマネジメントするように変わってきました。

このように、従来の流れを革新すれば、どの業界でも先進産業へ再浮上させることができます。そのヒントが、前述の「７つの領域」とインテグレーテッド化にあるのです。

第6章

「ブロックチェーン」という革命

ブロックチェーンとは何か

20世紀までは考えられなかった技術が2つあるといわれています。ひとつはスマートフォンで、もうひとつがブロックチェーンです。

ブロックチェーンは日本語にすると分散型取引台帳システムとなり、台帳と名付けられたとおり、データを記録するためのものです。

そう考えると台帳と名のつくもの、または台帳と見なせるものは基本的にすべてブロックチェーンでやり取りできるという理屈になります。将来的には、今までには考えられなかった破壊的イノベーションが、ブロックチェーンを利用して起こると思っています。現在は、金融ビジネスやフィンテックの中だけで語られることの多いブロックチェーンですが、今後は全産業の全領域に波及してくるモンスターテクノロジーになる可能性を秘めています。

これまで、データの管理はすべて中央集権的な方法を取っていました。

特定の組織や企業が共有したいデータを「サーバー」に置いておき、そこに一般ユーザーが「クライアント」としてアクセスし、データを見にいく仕組みです。これを「クライアント・サーバー方式」といいます。個々にやり取りしてデータの出し入れをするわけですが、中央集権的な一元管理なので、いくつかの弱点があります。

まず、膨大な電力を必要とするので、コストがとてもかかります。一元管理なので、災害などで物理的な障害が起こる可能性があり、またサイバー攻撃によるデータ漏洩などセキュリティ対策も必須です。

一方、ブロックチェーンは多数のコンピューターでデータを分散して管理します。要は、台帳のコピーがあちこちに保存されているわけです。データは「P2P方式」といって、それぞれのコンピューターが自律して、1対1でやり取りすることが可能です。分散してデータを持ち合うことで、お互いを監視しているのと同じ状態になり、不正なデータのやり取りや改竄はできません。データの仲介・管理機能が不要になるのは、大きなメリットでしょう。もちろん、電力コストも圧倒的に少なくてすみます。

もう少しわかりやすく説明するため、戦国武将を例にあげましょう。

従来の「クライアント・サーバー方式」は、一人の偉い殿様がいて、その下に数多くの武将が従っている形です。恐れ多くて、武将同士は会話できません。そのため、武将が持つ情報は限られ、仮に、殿様が殺された場合、誰も情報の全体像をつかんでいないことになります。

そして、全国に殿様がたくさんいたとして、その殿様同士も会話できません。殿様と殿様が会話するには、どちらかが家臣になる必要があるからです。結局、全国にある膨大な情報は、細切れのまま、結果的に埋もれていくばかりでした。

しかし、「P2P方式」の世界に殿様はいません。全員が独立した武将として、自由にデータのやり取りができます。

そして、その武将全員が同じ情報を持っているため、情報を改変することができないのです。ただし、武将全員がデータを持ち合っているので、瞬時に大量のデータをやり取りするのはやや難しいといえます。

データはすべて履歴が残る上、改変が不可能という点で、ブロックチェーンに期待が集まっているのです。

なお、ブロックチェーンとは、ひとつのデータのやり取り（トランザクション）をまとめた「ブロック」が、時系列の鎖（チェーン）のように連なっていることを意味します。

これまでブロックチェーンが破られたことは一度もありません。

2018年1月に580億円もの仮想通貨流出事件が起きましたが、これもブロックチェーン自体の不具合によるものではありません。事件の原因は、仮想通貨をオンラインに接続した状態で保存するなど、取引所自体の管理の甘さだと指摘されています（お金を金庫ではなく、見えにくい物陰に置いておいた、ということです）。

また、流出した仮想通貨の動きは警察だけでなく、誰でも見ることが可能です。

そのため、有志たちがしばらく盗まれた仮想通貨の行方を追いかけましたが、最終的に非常に細かい金額に分散され、ロシアなどの管理の甘い取引所で別の仮想通貨に交換されてしまったともいわれ、結局、お金は闇に消えてしまいました。

前述のとおり、分散型のメリットは、信用性に加え、電力やエネルギーの負荷分散による圧倒的なコスト削減が可能な点です。大規模なプラットフォームを創る場合、ビッグデータを集めて、それを分析することから始めます。ビッグデータは収集するのも、それを蓄積するのもコストが莫大にかかります。中央集権的サーバーならば多くのコンピューターが必要で、電気の缶詰のようなサーバーを持つには、かなりの電気代がかかります。

そんな事情から、プラットフォームの開発をしている企業は、自社で中央集権型のサーバーシステムを持つことは避け、ブロックチェーンの進化、発展を望んでいるのです。ビジネス界が熱望しているブロックチェーンの進化は、今後どんどん加速していくのは間違いありません。

ブロックチェーンに移行するモノとサービス

これまで、ブロックチェーンの利用方法は、金融ビジネスで用いられることがほとんどでした。ビットコインなどの仮想通貨がその代表的なものです。従来の金融取引では、銀行や証券会社などが取引や残高を一元的に管理していましたが、仮想通貨の世界では、ブロックチェーンにより各自のコンピューターがデータを持ち合っています。

電気やガスが自由化されましたが、これも今後は、ブロックチェーンが主流になってくると思います。「私は○○の電力会社でいきたい」「私は○○のガス会社を選びたい」というP2Pの要望が、今よりはるかに増えていきます。そうしたものは、ブロックチェーンを使って顧客管理していくのが自然の流れだと思います。

そうやって世の中がどんどん変わってくると、仮想通貨ではない既存の金融業も何らかの形で関わろうとしてくるでしょう。ブロックチェーンの技術は、今まで銀行が取り仕切っていた仲介ビジネスに変化を与えようとしています。互いに改竄できないデータを持ち合うことは、つまり安全な仲介機能となり、銀行に仲介手数料を払わなくても勝手に取引ができる世界が現実的になってきています。

仮想通貨が拡がり、仲介手数料もなくなるとすれば、どんどん銀行は稼げなくなってしまいます。そのことに危機を感じているからこそ、今、一番ブロックチェーンの研究をおこなっているのはメガバンクなどの銀行なのです。銀行はブロックチェーンの介在役として、何らかの利ザヤを得るようなマネタイズの方法を考えている最中だと思います。

ブロックチェーンは台帳ですから、台帳を利用するサービスはすべて置き換えることができます。たとえば戸籍や住民票、登記簿といった、履歴が必要で、改竄されては困るデータの管理に向いています。すべてをデータ化するまでに時間が必要かもしれませんが、実現すれば役所で情報を取り寄せる時間を短縮し、手数料も安くなるかもしれません。

病院の医療カルテにブロックチェーンを利用しようという動きも出ています。今までは病院単位だった医療カルテが、ブロックチェーンによってすべての病院や薬局と結ばれ、その人の病歴が一目瞭然でわかるようになります。それは医療格差をなくす一助になるかもしれません。

国や省庁の記録にブロックチェーンを導入すれば、文書改竄などという問題はなくなるでしょう。透明性が高くなると各所に困る人が出てくるでしょうが、導入されていくことは確実です。

ブロックチェーンを利用したビジネス

ブロックチェーンは台帳ですが、これでは実際のビジネスのイメージが湧かない人も多いと思います。

そこで、具体例をあげてみましょう。宮崎県綾町は、1988年、全国で初めて化学肥料や農薬を使わないで野菜を作る条例を策定しました。種や土や水、生産者などのデータを町ぐるみで厳密に管理してきたのです。

そこで、こうしたデータをブロックチェーンで管理することにしました。生産された野菜ひとつひとつを鮮度保持フィルムで個包装し、そこにQRコードが付与してあります。そのQRコードを読めば、生産者、生産地、収穫日、土壌の状態、種の購入先、使った肥料などがひと目でわかるのです。この技術は、よりお金が回る高級牛肉の管理などにすぐ応用できるでしょう。

すでに、NTTデータの子会社など6社が、ブロックチェーンを使った不動産情報の共有プラットフォームを開発しています。不動産の取引情報を透明化し、そこに広告サービ

図20 ブロックチェーンで拡がる無限の可能性

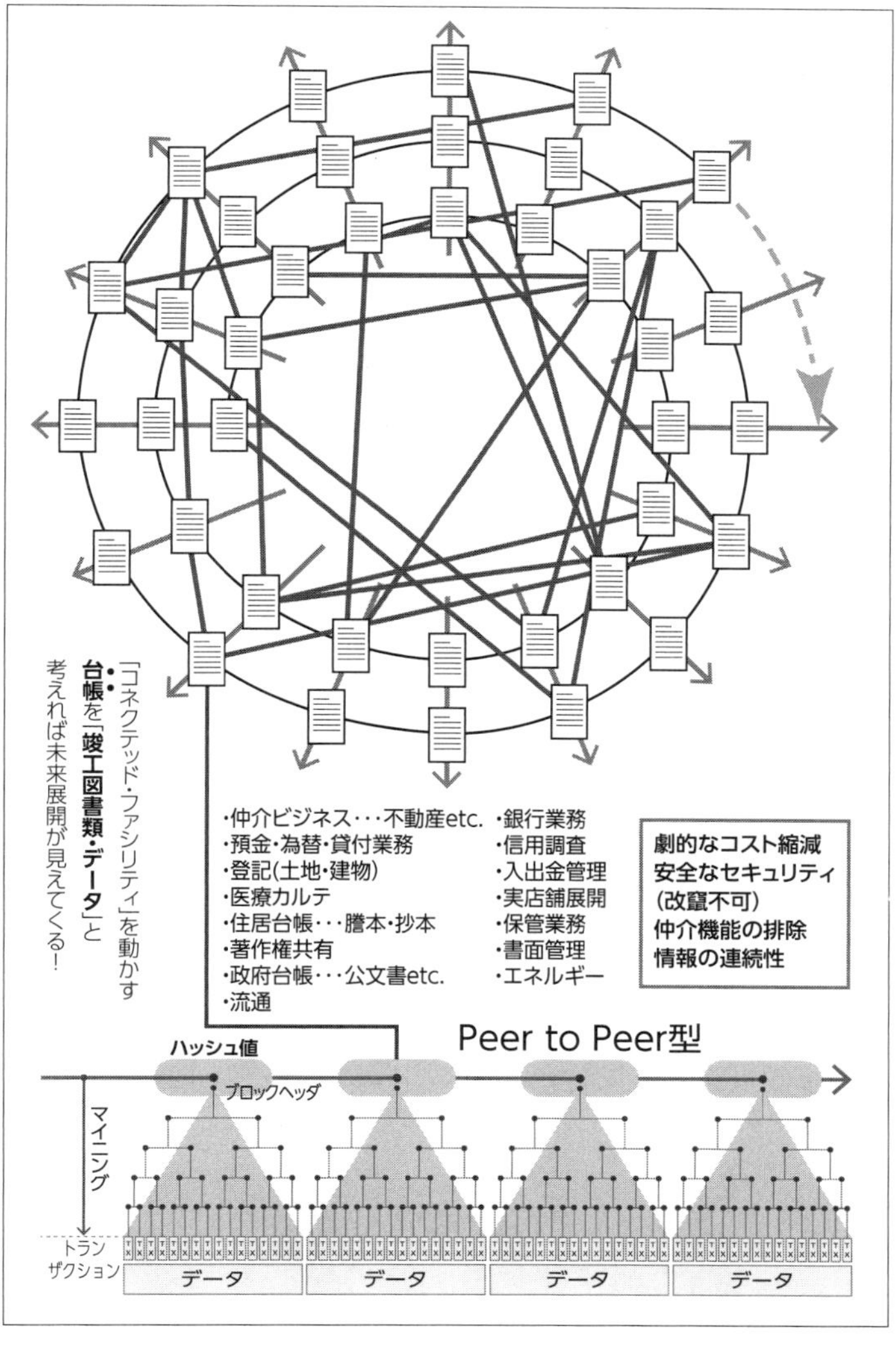

スや決済サービスなどを融合していく方針です。同様に、三井住友信託銀行も実証実験を始めています。

ブロックチェーンの応用に熱心なＧＭＯインターネットは、転売が問題になっているチケットの転売防止ソフトを公表しています。チケット販売者は購入者のアドレスに改竄できない入場権を付加し、購入者はスマホなどの端末に生成された「鍵」によって入場できる仕組みです。同社はまた、安全な宅配を実現する「スマート宅配ボックス」も開発しています。宅配ボックスの施錠・開錠を記録することで、配達の事実を確実に保証。これにより、再配送のコストを減らせる仕組みです。

改変できない特性を利用して、アメリカでは新しいブログも登場しました。「スティーミット」というサービスで、投稿文がブロックチェーンに書き込まれるため、オリジナルの文章が保証されるのです。

西日本新聞がすでにこのサイトのアカウントを取って活用しています。この技術を使えば、口コミサイトの内容を担保していくことが可能です。

私自身は、建設に関わるものとして、「竣工図書」のブロックチェーン化を想定しています。

膨大な建物のデータは、これまで紙で引き渡されてきました。ここには、ドアのサイズから、使用素材、メーカーの連絡先、そして、建物の使い方までありとあらゆるデータが記録されています。

しかし、あまりに膨大すぎることで、実際にはほとんど活用されていません。わずかに修繕時などにチラ見される程度です。ですが、これをブロックチェーン化すれば、建物の有効利用が大きく進むはずです。

ブロックチェーンのデメリット

ブロックチェーンには数多くのメリットがありますが、もちろんデメリットもあります。最後に、そのことをまとめておきましょう。

ブロックチェーンの特徴は、データが改竄できず、しかも履歴を残したまま、永久に残ることです。逆にいえば、仮に間違ったデータが記録されたとしても、それを消すことはほぼできないのです。

先に、中国で進む「社会信用システム」について触れましたが、もし勘違いや悪意で「違うデータ」が書き込まれたら、被害は甚大です。買い物ができないような悪影響を受けるわけですから、笑って済ませるレベルではありません。

また、正しいデータだとしても、人には明かしたくないデータというのもあるでしょう。

具体的には、遺伝子情報などです。

すでに、世界中で遺伝子情報ビジネスが始まっています。たとえば、ドイツのシボムという企業は、インドで大規模な遺伝子分析計画を始めています。遺伝子情報がビッグデータにのることで、新たな薬や治療法が見つかる可能性が高まります。しかし、この遺伝子情報を、もし別の企業が入手したらどうなるでしょうか。

たとえば生命保険会社が極秘裏に入手したら、「癌になりやすい」「糖尿病になりやすい」遺伝子を持った人たちの保険料だけ高く設定することも可能です。

また、結婚相談所がこのデータを入手したら、病気になりやすい人々は排除またはマッチングさせないかもしれません。なぜなら、「癌になる可能性が高い人を紹介した」と言って訴えられるかもしれないからです。

つまり、ブロックチェーンを限定的な範囲で活用する「プライベート・ブロックチェーン」「クローズド・ブロックチェーン」の考え方が重要となります。

そして、こうした大規模データを扱うなら、以下のようなリスクを想定しておく必要があります。

・指定外の範囲にデータが流出したらどうするか
・データが第三国に移転したらどうなるか
・忘れられる権利はどうなるか
・監督機関はどこか
・大規模な災害が起きたときのデータ処理をどうするか

こうしたことを常に頭に入れておかないと、どこかで足をすくわれる可能性もあるので要注意です。

厚生労働省は企業がデジタルマネーで給与を従業員に支払えるよう、規制を見直す方針を固めています。このように、今後、ブロックチェーンへと移行するモノとサービスは、どんどん増えていくはずです。そこから新しい可能性が見えてきて、さらに新しいビジネスへとつながっていくでしょう。しかし、マイナス点もあることを忘れてはいけません。

第7章

コネクテッド・ファシリティ
&
プラットフォームビジネス

社会に変化をもたらす法制度改正

この章では、私がこれまで携わってきた建設業界と建築マネジメントの世界を中心に、ビジネスの可能性を探っていきたいと思います。

私が現在考えていることは、建設業界だけでなく、全産業のインテグレーテッド化やプラットフォーム構築の考え方へつながっていくものです。建設という言葉をそのまま他の業界に置き換えても、十分、通用する話です。

建設産業は、今、変革の時期を迎えようとしています。変化に近因しているのが法制度の改正です。建設産業は法律の縛りだらけですが、法制度が変われば必ずビジネスのスタイルは変化します。法律が変われば世の中が変わる、世の中が変わればビジネスチャンスがある。そこで、建築関係の法令によって、何がどう変化したのか見てみましょう。

古くは、大規模小売店舗立地法の施行によって、郊外型ショッピングセンターができるようになりました。しかし、その一方で、駅前の小さな店が軒を連ねた商店街は、全国的にほぼなくなってしまいました。

2001年にJ-REIT※が始まり、不動産投資信託で集められた資金を基に、日本に

※J-REIT　多くの投資家から資金を集め、マンションや商業施設などの不動産を購入して運用すること。日本版の不動産投資信託を指す

は多くの高層ビルや高層マンションが造られるようになりました。まさに、法改正はビジネスチャンスのきっかけになるのです。

近年、建設産業が大きく変化を受けている法改正をまとめてみました。

(1) 建築基準法の改正

法改正で、木造による大規模建築が建てられるようになりました。私たちの会社でも木造の文化ホールなどを手掛けています。他社の話になりますが、木造の超高層ビル構想を発表したところもあります。

また、増築がしやすくなりました。今まで増築部分は、既存部分も含めてすべて最新の法令が適用されてきましたが、法改正により増築部分は増築、既存部分は既存の法令が適用されることになりました。それで、改修がしやすくなったのです。

→増築、改築をしたい人と事業者を結びつければビジネスになる

(2) 耐震改修促進法

建物の耐震改修を促進させる法律です。大地震に耐えられない旧耐震基準に沿った建物は改修を迫られ、特に不特定多数の人が来るホテルや旅館にとっては切実な問題となりました。インバウンドの好機運もあって、これを機にやらなければという切羽詰まった動きになりました。

この法律により、施設のスケルトン（骨格）部分はしっかり耐震に耐えられるように造り、インフィルと呼ばれている中身の部分はフレキシブルにして、次世代のビジネスモデルに合わせて改変できる建物が増えました。

昔は決め込んで造り、後からでは融通が利かない建物がほとんどでした。今はＢＳ主義からオペレーション主義へと変化し、これから先の施設の用途変更も見据えなければなりません。法律は施設全体の造りにも変化をもたらしたのです。

↓耐震改修、リノベーションしたい人と事業者を結びつければビジネスになる

(3) 改正都市再生特別措置法／まち・ひと・しごと創生法／国家戦略特別区域法

以上の法律は、街づくりの考え方を大きく変えました。街をコンパクトシティにして活性化させる、地方創生を促進させる、インバウンドによる活性化など、最近では当たり前のようになってきたことばかりですが、それらの基になった法律です。

これらはクールジャパン戦略やビジット・ジャパン事業とうまくタイアップして街づくりの方向性も変えました。海外からの旅行者が落とす外貨は地方創生の鍵となり、「まち・ひと・しごと」でうまく雇用を起こすような施策が望まれます。

↓日本へのリピーター外国人に対し、興味深い地方を紹介できないか。旅行者に役立つ情報を提示すればビジネスになる

(4) 公共工事の品質確保の促進に関する法律

いわゆる品確法は、2014年に改正されました。それまで公共建築の工事は、順序立てて物事を進めなければなりませんでしたが、多様な発注方式が認められるようになり、コンカレント・エンジニアリングが可能になりました。目新しく感じるかもしれませんが、民間の事業ではすでに盛んにおこなわれてきた方式です。前述したとおり、これで建設バリューチェーンがさらに大きく合理化に向けて動き出しました。

↓品確法により、温熱環境、空気環境、光環境、音環境など要求水準を明示する必要が出てきた。これを比較できるようなサイトを作れば、ビジネスになる

（5）容積率緩和

容積率緩和は、宿泊施設の整備に着目し、2016年に創設され、地方公共団体あてに通知されました。都市部の高度利用について、ホテルなど宿泊施設の容積率を大幅に緩和する制度です。この制度のおかげで、ホテルの計画数は以前の10倍になりました。

私たちの会社はホテル関連の仕事を多くやっていますが、それで感じるのは日本のラグジュアリーホテルの少なさです。ビジネスホテルはすでに飽和状態ですが、ラグジュアリーホテルになると莫大な投下資本が必要となるので、今はまだ様子見のところも多いと思います。しかし、東京や京都、大阪をはじめとする外国人観光客に人気の都市ならば、今は本当にチャンスだと思います。

↓土地の有効利用を考える企業へのマネジメントがビジネスになる

（6）地域医療連携推進法人制度

2017年に施行されたもので、同じ地域内の医療法人がグループ全体として複数の医療機関や介護施設などを運営できるようになりました。簡単にいうと、病床のやり取りが可能になったのです。たとえば、病院の病床を在宅介護に100床渡すこともできます。急性期医療ばかりに力を入れるのではなく、回復期や慢性期、介護など、その地域や実情に即して融通を利かせましょうという制度です。

今後、病院だけではなくスポーツ施設や健康長寿施設にまで制度が拡がっていくと予想されます。これからの展開が楽しみな制度のひとつです。

↓医療商品、介護商品の専門店、専門販売サイトがビジネスになる

この6つ以外にも建設産業に関わってきそうな法改正が、まだあります。

2020年には民法が改正されて、瑕疵（かし）担保責任が廃止されて契約不適合責任となり、専門家の責任が深く追及されるようになります。昔は設計者を守る制度でしたが、今後は責任が厳格化されると予想されます。これも建設産業に大きな変化をもたらすでしょうが、まだ施行されていないので、様子見の状態です。また、同じ2020年に省エネ法の改正があるので、内容次第でいろいろな変革が起きるでしょう。

以上のように、法律が変わっていくことで、経済と社会は否応なしに変化していきます。その変化を予測して、しっかり対応することが生き残るために必要なのです。

未来のビルの基準は「つながること」

ビルがＩｏＴとつながり、人の動きや物流などのデータを蓄積し、ＡＩで解析することで、コネクテッド・ファシリティは実現へ近づくはずです。

しかし現状のビル管理は、まだまだビル単位でしかおこなわれていません。建物には中央監視という既存のシステムがあり、それが電気や設備、放送、防災などの自動制御を司っています。

日本では、アズビルとジョンソンコントロールズという2社で中央監視と自動制御の90％以上を占めている状態です。

これは日本だけの問題ではなく世界的にもそうなのですが、ビルの中央管理はクローズドで、ほとんどオープンになっていません。私たちは、未来に向けて、中央監視と自動制御をもっとオープンにする必要があると思っています。少しずつですが開かれてきた部分も増え、インターフェイスでやり取りできるシステムも誕生しています。

クローズドな世界からオープンな世界にするのが、技術的に難しいわけではありません。現状でも、もっとオープンなシステムに移行することは可能です。

※BEMS　Building Energy Management System
※BIM　Building Information Modeling（ビルディング・インフォメーション・モデリング）

ビルの中央管理をおこなっている企業はＢＥＭＳ※という「ビル・エネルギー管理システム」を構築していて、これは水道光熱費や運営管理をマネジメントできるシステムです。とはいえ、ビル全体の自動化を考えた場合、ＢＥＭＳでできることはごく一部です。

今後、オフィスでは、人間の行動パターンをセンシングしていくことになるでしょう。工場や研究所、物流施設では、マテリアルハンドリングと呼ばれる自動搬送技術がさらに進むでしょう。マテリアルハンドリングはまだ一般的なビルには普及していませんが、ビル内の物流改善にもつながるわけですから、大きな可能性を秘めています。

それ以外にもＢＩＭ※と呼ばれるシステムが脚光を浴びています。ＢＩＭは建築の立体画像システムの構築から、バーチャル画像や３Ｄ画像を使って、建築の設計や生産管理・運営管理、さまざまな解析等に利用されています。ＢＩＭは、今後自動設計へとつながっていく技術を含んでいるため、建設産業では今もっとも労力をかけているところです。

ただし、建設業界が陥っているＢＩＭ万能主義ではいけません。ＢＩＭが高度な属性機能を持っていたとしても、現状では全データの2割程度をカバーしているに過ぎないからです。そして、もっと発注者自身が便利になるシステムでなければなりません。

これ以外には、ドローンやＶＲの活用も想定されます。ドローンというと空撮や輸送のイメージが強いですが、人間が立ち入れない場所の検査やチェックに活用できるのです。たとえば接合部がきちんと接合しているか、ボルトがしっかりと締められているか、溶接が基準どおり実施されているか、などを映像を通して間近に見ることができます。まれに鉄骨や建物の最頂部のゴミを片付け忘れていることがあります。確認だけのために足場をかけてよじ登っていくのは面倒なので、今はドローンで確認しておこうという風潮になっています。

ドローンの応用が進み、自動建設技術が開発されたら、逆に足場は要らなくなっていくかもしれません。今よりもずっと自動プレファブリケーション※、つまり建築物の一部を工場内で造っておく技術がさらに発達していくからです。関係者の頭の中には、そうした未来が描けているのです。

ＢＩＭは、バーチャル画像や３Ｄ画像などビルの形状を把握するためのシステムですが、積算や簿価形成、資産形成ソフトとつなぐと、自動的に鉄骨などの数量を積算したり、コストを算出したり、資産を分類したりと、いろいろ便利に使えることになります。

ビルの運営ソフトとＢＩＭをつなぐことも想定されています。会計ソフト、事業運営ソフト、ビル運営管理ソフト、さらに資産管理ソフト、財務管理ソフト、事業管理ソフトと

※プレファブリケーション　前もってつくり上げること。プレハブ

連動させれば、経営者の業務を大幅に軽減させることができます。

ＢＥＭＳやＢＩＭがオープンになり、いろいろなソフトやＩｏＴ、さらにはＡＩとつながっていけば、今までにないビルが生まれ、運用されていくと思います。現時点では、どれだけのデータのやり取りになるのかも未知数です。やがてブロックチェーンによって、使いたいデータと守りたいデータの情報制御がスムーズにできるようになれば、ビルの一定のデータは完全にオープン化されていくでしょう。

セブン－イレブンの実験店舗がおこなっているような、ヒトやモノの動きの解析が進めば、こういう温度なら、こういう明るさなら、こういう勾配なら人はモノを買う、といったことがわかります。その知識を応用すれば、いずれ誰も思いつかなかった販売技術が登場するでしょう。

それだけではありません。

最新の販売店では、店内にビーコンと呼ばれるセンサーを多用し、人がどう動くのかを測定しています。スマホと連動するので、移動したその人に合った広告を見せることも可能です。そして、コネクテッド・ファシリティの時代には、さらにこれを応用することが促進されていくはずです。

ビルの入館証にチップを埋め込んでおけば、そのビル内での人の流れが判明します。温度や湿度を調節することで、人を「より居心地のいい」地点に誘導できるのです。つまり、お昼時に食堂の近くに誘導できるのです。

アメリカのマサチューセッツ工科大学は、人間の効率性の研究を進めていますが、実験によれば、高い生産性を記録する人の多くは、最大で30％ほどの時間をほかの目的に使っていたことがわかりました。仕事中にＳＮＳをチェックしたり、ネットニュースを読んだり、あるいはちょっとおやつを食べたりするのです。また、雑談が生産性を向上させることもわかっています。

ということは、休憩時間になったら人をある特定の部屋に誘導すれば、そこで雑談が始まり、結果、生産性が上がることも予想できます。意思を持った建物が、温度、湿度、明るさなどをコントロールして、人々をスムーズな雑談に導くことも、将来的には可能なのです。

膨大なデータ、あらゆる情報の集約

コネクテッド・ファシリティを実現するためにはＢＥＭＳやＢＩＭ、それとつながるソフトなどから膨大なデータを集めなくてはなりません。

まずはデータを集める入り口、ポータルの部分から考えてみましょう。

新築のビルであれば、そのビルのスペックもわかっていて、すべてのデータを集めるための設備もあらかじめ準備でき、作業も容易です。それと比較すれば改修・リニューアルや既存の施設は、ビル自体について調べなければならないことも多く、データを集めるための設備も新しく設置する必要があります。新築が増え、自動制御でデータを収集できる施設が増えていくと、既存の施設もやらざるを得ない状況になるはずです。放っておくと時代遅れの施設になっていくので、ビルオーナーとしては対策が必須になっていくでしょう。

集めたデータはIoTによって、自動制御や自動計算、資産管理などのアプリとつながっていくでしょう。各施設のデータは、セキュリティ機能が整ったブロックチェーンによって共有され、ビッグデータとなっていきます。

データを集めた先には、どんな世界が広がっているのでしょうか？

まず資産・財務管理、運営管理が自動化されます。集めたデータを自分の施設に当てはめて解析するだけで、経営者が一番知りたい部分を自動的に出してきます。

そして、施設、モノ、サービスが自動制御されます。受付サービスや建物の空調や電気、消灯時間などが全部自動化できます。

さらに、施設があらゆるモノやサービスと連動します。電力会社などのインフラだけではなく、法務局や税務署といった場所にどんどんつながるようになるでしょう。そして最後にやっと自動設計、自動生産、自動施工ができるようになっていくと思います。

今、建設産業の中に、とにかく自動設計や自動生産の開発を真っ先に目指すという傾向があります。しかし、いきなりの実現は難しいのではないかと思います。自動設計や自動生産を実現したいのは建設産業に携わっている人だけであって、それ以外の人にはほとんど不要なものだからです。

建設産業以外の人にも必要なものとは何でしょうか?

それは自動で建物の運用や管理ができて、会計や資産状況まで自動的に計算してくれて、いつでも見られるようになっていることなのです。

それが実現すれば、多くの人にとって「使ってみたい便利な建物」となり、「お金を払ってでも利用したい」と思ってくれるツールになるはずです。それこそが、プラットフォーム構築につながるのです。

プラットフォーム構築の4大ポイント

プラットフォームの構築、そして、将来的にコネクテッド・ファシリティを実現させるための展開ポイントは4つあります。

(1) クローズド・ビジネスでは絶対に拡大しない

どこか1社だけで、たとえば設計だけ、施工だけ、建築だけでという考え方ではダメです。今後、絶対に必要となるブロックチェーンやIoT、AIの技術などをすべて自前で構築することは到底できません。多数の社が情報を共有し、仕組み創りに注力すべきです。仕組みが動き出せばプラットフォームとなり、それが新しいビジネスへ発展していくでしょう。

(2) 情報を広く集める仕組み、つまりポータルが重要

どうやって広く情報を集めるのか。これは意外に難題です。一般的には「情報は人に会って集めろ」と言われますが、今後、普通の人より多少多くの人に会ったところで、あまり意味はなくなるかもしれません。IoT、AIの技術を駆使して、なるべく機械的に

効率よく情報を集めたいものです。また、情報を集めていても相手に警戒されず、むしろ感謝されるような状況を作るのが理想でしょう。

(3) 安易なマネタイズは失敗する

たとえば、特定の事業者から直接高いお金を取るようなマネタイズしかできなければ、そのサービスや仕組みは絶対に普及していきません。お金がかかりすぎると思われて、事業が失敗するのがオチです。

また、金儲けの話に他人は敏感です。目先の利益を追ったり、騙すようなことをすると、必ずしっぺ返しを食うことになります。

(4) 顧客が便利になる仕組みがある

これまでの施設は、建築の造り手が主導権を握ってきました。これからは主導権を握るのは発注者であり、ユーザー、顧客なのです。顧客が格段に便利になって満足できる効果を提供しなければ、その仕組みは決して拡大していかないでしょう。

プラットフォーム化や未来のビジネスの話をすると、今はまだ実現していない技術頼みのところがあるので、どうしても飛躍した理論だと誤解されがちです。しかし、未来へつながるビジネスを、きちんと他者に理解してもらうためにも、顧客が必要とする目線でさまざまな仕組みをしっかり構築することが大切です。

変化するビジネスモデルの見つけ方

今後、ビジネスチャンスはいろいろなところで芽吹くでしょうから、全方位的にアンテナを張りめぐらしておく必要があります。最後に、ビジネスモデルの見つけ方についてまとめておきましょう。

まず押さえておくべきは、「クラウド～」や「～テック」によって、異業種同士の統合、つまりインテグレーテッド化が進むことです。そして、インテグレーテッド化とともに全産業のビジネスモデルが変化し、今後はさまざまなプラットフォームがますます増えていきます。巨額の資本が必要となるので、プラットフォームに成長するまでにはプロセスが必要です。

2つめに、使われていないアイテムやモノ、施設を有効活用する「アイドルエコノミー」(余剰活用型産業)が台頭してくるはずです。地域の空き施設や公共施設を民泊施設として活用することなどが代表例です。インフラも同様で、使われていない配管や道路、公園などの新しい利用法が模索されると思います。

3つめにパラダイム変換にともなう「ニューインフラ」の台頭です。ニューインフラとは、新幹線がリニアモーターカーになり、電気やガスが自由化され、ブロックチェーンなど革命的なつながる技術が登場することです。ニューインフラができると、それにともなって必ずニュービジネスが誕生します。水素がインフラ化されると水素ステーションや輸送ビジネスが生まれます。売電網が自由化されると、電気の仲介・代行ビジネスなどが自然と登場するのです。

ちなみに、ドローンも突然登場したわけではありません。スマホが爆発的に普及したことで、GPSやセンサーの製造費が安くなり、それをリモコンヘリに搭載したのです。ドローンとは空飛ぶスマホなのですが、まさにニューインフラといえるでしょう。

4つめは、移動と交流から生まれる「対流ビジネス」の活発化です。たとえば、リニア新幹線が完成すると、甲府から相模原まで15分で行けます。つまり、甲府に住んで相模原へ通勤することが可能になります。相模原はリニア新幹線駅のほかに既存の鉄道も圏央道もある交通の結節点です。人が多く住むようになれば、自ずと対流ビジネスは盛んになるでしょう。

図21 未来のビジネスを支える人財

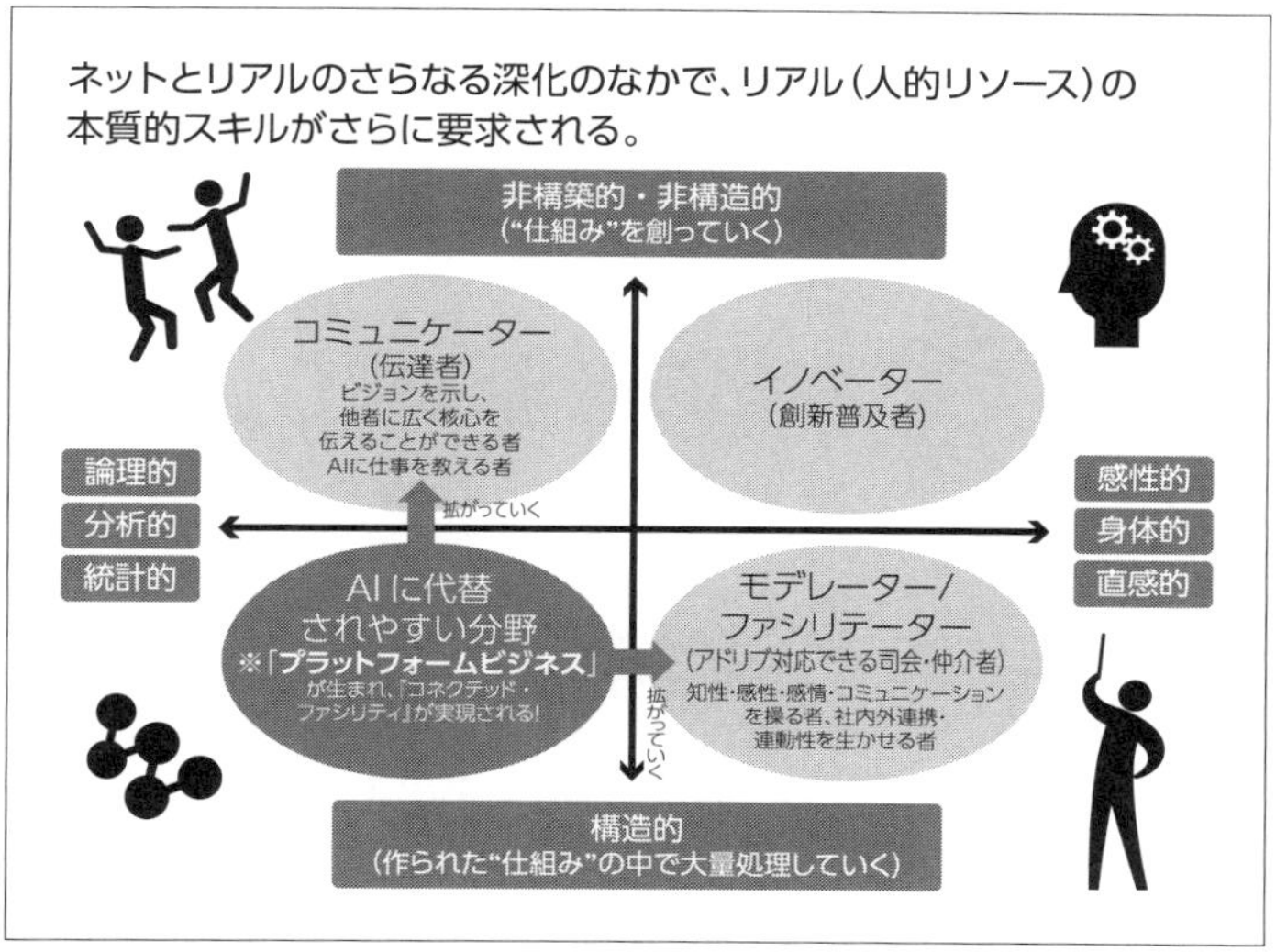

デジタル化に負けないヒトの強みとは

ＩｏＴやＡＩなどのデジタル化が進んだ未来は、ビジネス・スタイルも変化していくはずです。

プラットフォームビジネスが拡大し、デジタルに置き換わる業務が増えていき、ルーティンワークでおこなっていた人間の業務はどんどん奪われていきます。

ただし、形を変えた人的リソースを必要とする新たな業務が、必ず登場してきます。よって、人的リソースにはルーティンワークではなく、本質的スキルがいま以上に求められるようになります。本質的スキルには、どのようなものがあるでしょうか。

論理的・分析的・統計的なスキルが発揮できるのは、他者に広く核心を伝えるコミュニケーターです。ＡＩに仕事を教える役割も果たします。

感性的・身体的・直感的なスキルを生かすならば、モデレーターやファシリテーターがあります。知性や感性、感情、コミュニケーションを操り、社内外の連携を作る仕事などがあります。

もうひとつ、論理的でありながら感性的でもあり、仕組みや新技術などを創っていくことができるイノベーターも、当然、求められるのは言うまでもありません。

デジタル化が進んでも人的リソースの生かせる産業をどんどん創り出すこと、そしてプラットフォームを育てていくこととの両輪で考えるのが、激動の今を生き残るビジネスモデルです。

経営で重用されるデザイン思考

自分の事業だけに固執せず、一度すべてを棚卸ししてみて、他産業が先端となっている部分や合理的な部分を自産業に当てはめることが大切です。または全体をもれなく分類して、統合評価するやり方を用いましょう。

現在は、それに加え、「デザイン思考」の重要性に注目が集まっています。これは、形をデザインするという意味ではありません。本来解決すべきものとは全然違うものを想像し、無関係につなげて発想を拡げていくことです。

これまでは、経営に一番重用されてきたのは論理的思考（ロジカル・シンキング）でした。ロジカル・シンキングでは、ひとつの物事に対し、仮説を立てて分析し、そこから結論を導いていきます。しかし、既存の情報リソースのみを判断材料としているので、今後はロジカル・シンキングだけで乗り切っていくことは困難になっていきます。だから、デザイン思考が重要になるのです。

従来のようにセオリーに沿って解決方法を導き出すのではなく、一見何のつながりもないようなものを感性的に導き出すことで、そこから思いもかけなかったビジネスモデルが誕生します。これがデザイン思考なのです。デザイナーや芸術家が作品を生み出すように、ビジネスモデルを生み出すのです。

私は音楽を聴くのが大好きで1万枚くらいレコードやCDを集めています。これまでの音楽産業の変遷をたどることで、自分のいる業界の変化を予測することもあります。音楽の流行はロックやジャズ、R&B、ラテン、グルーヴ、トランスといった具合に、いろいろなジャンルがありました。昔はジャンル別にしか音楽は聴かれていませんでしたが、1990年代になって、ひとつのジャンルしか聴かないという人は少なくなりました。今では音楽のジャンル自体の境目がなくなって、コードとコードが同じというだけでつないでも、まったく違和感のないものができあがります。まさに融合化です。

さらに、音楽媒体もレコード→CD→ネット配信→ストリーミング、そして現在はよりリアル（ライブ活動）を重視する傾向へと劇的な変遷を果たし、マネタイズの仕方も大きく変わりました。

ビジネスも同じ変化をたどっています。業種のジャンルを超えて融合し、ひとつのビジネスに統合される時代がやってきました。

これが私にとってのデザイン思考のひとつの方法です。専門分野だけの情報に固執してはいけません。いろいろな情報を幅広く収集し、そこから発想を羽ばたかせていくことが、プラットフォームを構築するためには重要なのです。

まずはブルーオーシャンを狙え！

前述したとおり、私の会社は建築全般のマネジメントをしています。海外にも似たような会社はありますが、彼らは自分のカテゴリー以外のものには決して手を出しません。特にアメリカは契約社会なので、少しでも違うことをおこなうと訴訟になり、裁判しながら調整を進めていくケースも少なくありません。それを同じ手法で導入しようとすると、日本ではどうしても無理が出てきてしまいます。

私が初めて建物のマネジメントの仕事に従事したとき、アメリカ式のマネジメントをそのまま採用しました。慣れない方式だったこともあるのでしょうが、どうしても歯車が合わず、プロジェクト参画者の中で関係がぎくしゃくしていくのを目の当たりにしました。そのときにわかったことは2つあります。ひとつは、日本人は使命感やチームワークといったマインドによって突き動かされるのだと実感したこと。このため、私は日本人のマインドに沿った新たなマネジメント手法を生み出す必要に迫られました。

もうひとつは、その日本流ビジネスは誰も開拓しておらず、競争者のいない「ブルーオーシャン」だったということです。事業戦略を提案し、その事業戦略と施設戦略を融合した戦略に則ってマネジメントすること、財務会計や経営的立ち位置、他産業との融合まで見据えた提案は、今では当たり前のものとして受け入れられていますが、すべて私たちが苦しんで創り出してきたものです。

私たちが目指すべきは、イノベーションの余地が多く残っている分野を狙うことです。顧客の事業創造から発展させたプラットフォームの構築を目指せば、そこには他社が手をつけていないブルーオーシャンが拡がっているのです。

青い海に網を投げ入れたら、獲物がたくさん獲れるのです。今までおこなってきたマーケティングのノウハウや技術を体系化し、日々、新たなビジネスモデルを創造できないかチャレンジしていきましょう。

そして、ブルーオーシャンのなかで、他社と他社を結びつける方策を考えましょう。たとえば、ホテルを例にします。近年のラグジュアリーホテルは資本と経営・運営がまったく別々になっています。オーナーも運営者も日本企業で、ブランド名とそのノウハウだけが外資系といった場合、それぞれの仕分けをうまくまとめる必要があります。そうした「つなぎ」がうまくいかないと、ビジネスは空中分解してしまいます。

これは、どんなジャンルの産業も同じです。まずはライバルのいないブルーオーシャンを探し、そのなかで自分たちの地図を描き、誰かと誰かを結びつければいいのです。このように、すべての事象がプラットフォーム上に展開できるのです。

図22　首都圏中心部から何を見出していくのか!?

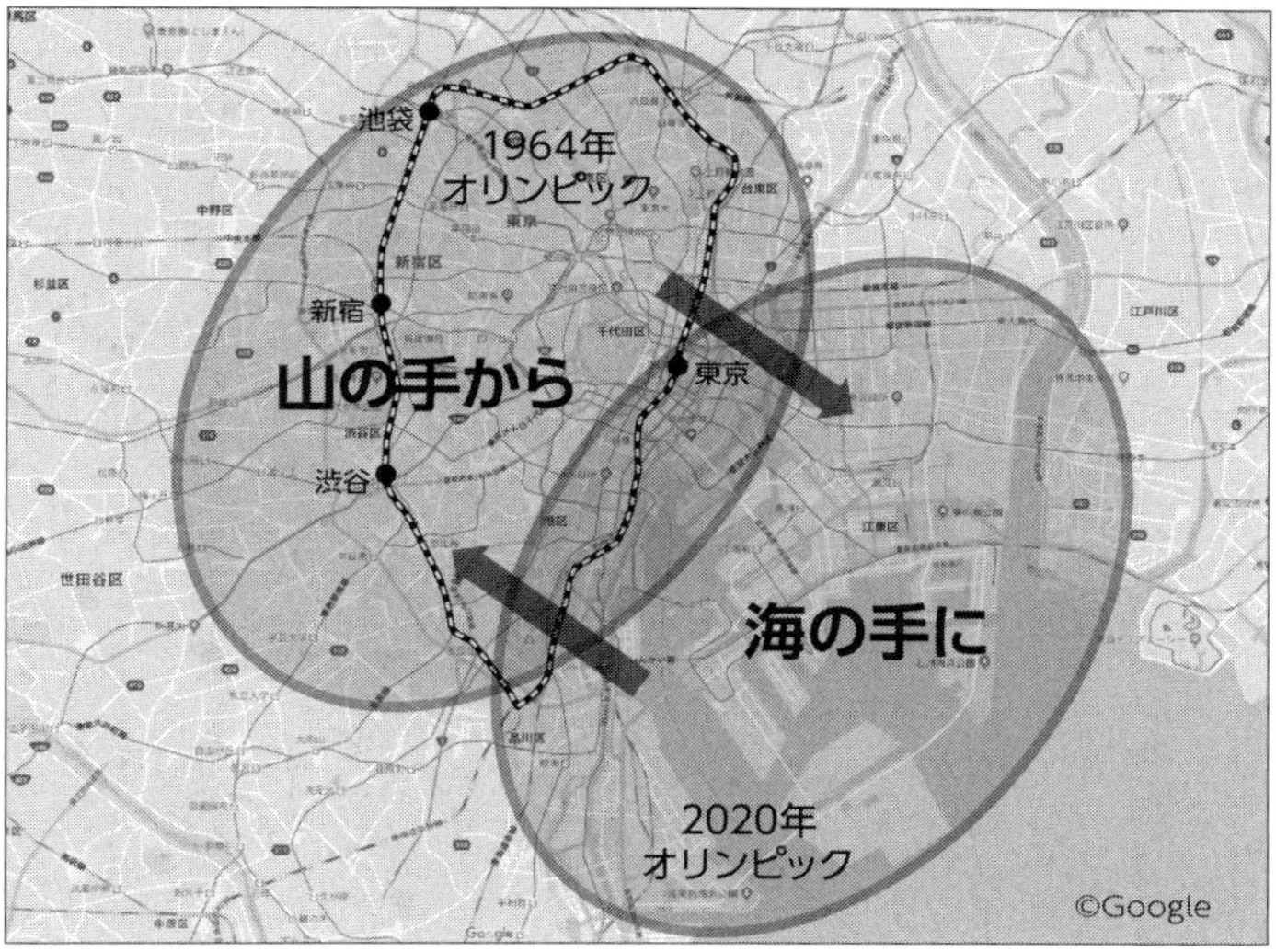

大きな進化を遂げる「海の手」

ブルーオーシャンという言葉が出たので、本書冒頭「はじめに」で触れた「山の手」と「海の手」の話に戻りたいと思います。

前回のオリンピックでは「山の手」が開発され、今回のオリンピックでは「海の手」が開発されるという話です。

いったい、「海の手」はどのように開発されるのでしょうか。

まず、鍵となるのは２０１８年11月に開通した「環状2号線」です。千代田区、港区、中央区、江東区をつなぐ幹線道路で、いわば「オリンピックロード」でもあり、２０２０年の東京オリンピック・パラリンピックで使われる選手村や競技場までつながっています。オリンピック終了後、選手村は一般に売り出されます。これ以外に少なくとも24棟の高層マンションが計画されており、これで1万人を超える街ができあがる計算です。

ここに住む住民は、環状2号線を走る「BRT」(バス高速輸送システム)で移動します。虎ノ門・新橋と豊洲、有明を結ぶBRTは、住民の通勤・通学を支えることになります。また、水素ステーションの開設も決まっています。水素は、水素自動車だけでなく、各住戸に電気や熱を供給することになります。もしかしたら自動運転の特区となって、未来の移動がどこよりも早く体験できるかもしれません。

臨海部には建設予定の高級ホテルが数多くあります。比較的裕福な外国人が集まるので、高級な商業施設やアミューズメント施設も集約していくでしょう。最近、チームラボによるデジタルアートミュージアムが話題ですが、こうしたイベント施設が次々に開設されていくのです。まさに「スーパーシティ」の先駆けでしょう。

こうした魅力的なエリアとなる臨海部に、外国人は、どうやってやってくるのでしょうか。オリンピック開幕直前、新客船埠頭「東京国際クルーズターミナル」が開業するので、巨大な客船が次々に寄港します。

※ASEAN　Association of South-East Asian Nations　東南アジア諸国連合

これは東京の話ですが、2025年に万博が開かれる大阪は、カジノを含む統合型リゾート（IR）の候補地でもあります。万博とIRが一挙に登場したら、驚くほどの経済効果を生むでしょう。このように、日本中の広大な土地が、空前の開発ラッシュの夜明け前なのです。

前回のオリンピックで開発された「山の手」には、特徴的な開発方法がありました。都心部の新宿、渋谷、池袋といったターミナル駅から私鉄が延び、その沿線には300万人の人口を抱える住宅が建ち並び、郊外には遊園地や動物園、野球場などの観光地があります。平日は都心のオフィスで働き、週末は郊外の観光地へ遊びにいくというスタイルは、日本ではごくごく当たり前の光景ですが、これは私鉄が沿線をしっかりブランディングした街づくりの成果です。もともとは、阪急電鉄が戦前におこなった斬新な開発手法です。

実は、こうした日本独自の街づくりが、いま東南アジアやASEAN※諸国から注目を集めています。日本企業はインフラ＋不動産＋街づくりをひとつのビジネスモデルとして、ASEAN諸国に提案しているのです。

特に盛んなのはベトナムで、ホーチミンやダナン、ハノイにいろいろな施設を造っていこうとしています。フィリピンのマニラでも同じことが起きています。ＡＳＥＡＮの場合、いきなり大掛かりな鉄道を敷くことは難しいので、まずバスターミナルを造ってバス路線で都市と郊外を結ぶことから具体化しています。

今後、同じようなことが「海の手」でも起こりうるのです。水辺の土地あるいは水上インフラを整備して新たな水の都の都市体系が生まれれば、日本発のまったく新しいビジネスモデルが創れるでしょう。まさに、ニューインフラとニュービジネスが登場し、融合していく地になるのです。

プラットフォームとは、従来の仕組みやサービスの組み合わせ、事業と事業の組み合わせの基盤となるものです。ネットだけでなく、リアルもすべて包含したものであり、そこでは、ビジネスとビジネス、ビジネスと施設建築、発注者と顧客、発注者と受注者などあらゆるものがマッチングされていくのです。マッチングはデジタルテクノロジーによるものが劇的に増えていくでしょうが、もちろん人的リソース（人財）も鍵を握ります。

プラットフォームは、いったん構築すれば、そこから新しい産業が次々に作り出されていきます。私は、この新しいイノベーションの姿を「創新普及」と名付けています。次なる「創新普及」を経て真の成功者となるのは、読者である「あなた」なのです。

図23 すべてをつなげるプラットフォーム

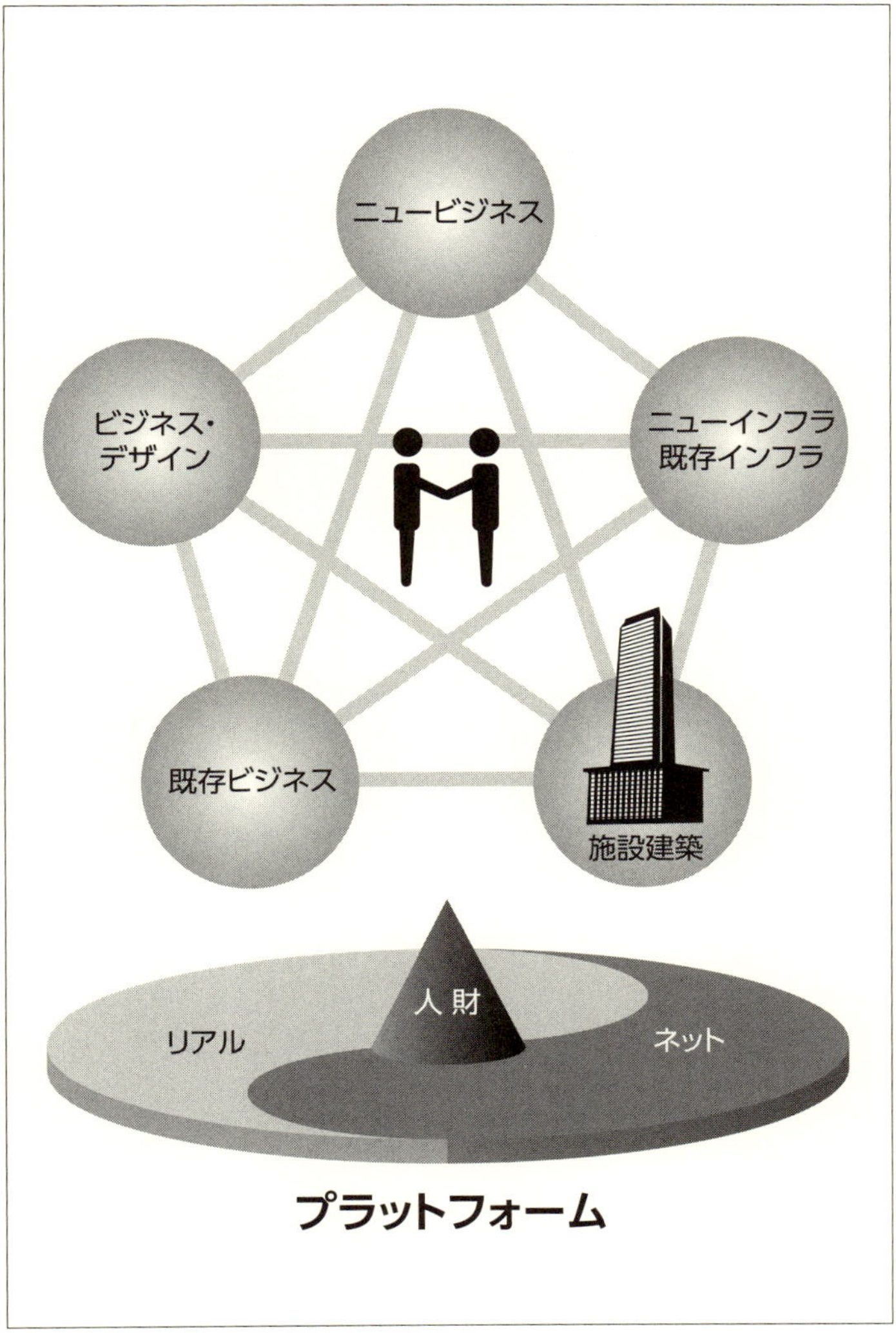

おわりに　すべての道はマッチングビジネスに通ず

本書に書かれた最強法則の数々を実現していけば、必ずやプラットフォームを構築できると、私は確信しています。

そこで、「おわりに」として、次世代ビジネスのポイントをまとめておきます。

（1）国内に配信されているメディアの情報を鵜呑みにしてはいけません。事の本質と真理を知ることがはじめの一歩です。

（2）これまでの固定観念や既成概念を疑ってみましょう。先入観や自虐的概念、自虐史観も含め、見直すことが大事です。

（3）単一の用途や単一の業種で事業を見つめてはいけません。ビジネス自体の組成や組み合わせから捉えていくことが大切です。すべての産業がマッチングすることを見据えて、これからの事業を展開しなければいけないということです。

（4）世の中はBS、資産主義からオペレーション主義への転換が進んでいます。オペレーション主義は、事業により稼ぎ続けることですから、常にプラットフォームを活性化させなければなりません。

（5）次世代事業ニーズは、私たちが普通に考えている世界とは、少し違うところからやってくると考えています。世間を席巻したＵｂｅｒやＡｉｒｂｎｂのように、誰もが「あっ！」と思うようなところにビジネスのネタはあるのです。視点を変えて、さらにビジネス同士を組み合わせ、マッチングさせないと、なかなか新しいビジネスは見出せないでしょう。次々に登場するニューインフラのことも視野に入れておかないと、突如、出現した伏兵に負けてしまうこともありえます。

（6）自分自身の「財産」をしっかりと見つめ直すことも大切です。ここでいう財産とは、参入障壁も含まれます。なにが自分にとって有利な条件なのか。その優位性を把握した上で、他の分野の革新や先進（たとえばアマゾンのネット配信システムなど）に自らの仕事を当てはめてみて、新たなビジネスモデルを探っていくことが必要です。自らのビジネスが何によって利益を上げているのか、経営資源はなにかを熟知した上で、他分野・他産業の先進事例を応用し、自分のビジネスを変革しましょう。もちろんこれは、建設産業だけではなく、全産業に当てはまることです。

こうしたポイントを考えた上で、目指すは新たなプラットフォームの実現です。最後にもう一度書きます。プラットフォームとは「Aをしたい人とBをしたい人を結びつけること」です。未来のビジネスは、すべて「マッチングビジネス」に通じていたのです。

それでも、そう簡単にプラットフォームなんて創れないと考えるかもしれません。そこで最後に、私が信条としている「実現の方程式」を紹介させてください。

達成力 = 能力 ×（やる気）^{2}

これは、もちろん「質量とエネルギーの等価性」を示したE = m c^{2}に引っ掛けたもので、私たちの会社の研修でも最初に話しています。Eはエネルギー、mは質量、cは光の速さです。質量がどんなに小さくても、エネルギーは莫大なものになるというのがアインシュタインの教えです。

残念ながら、人の能力やスキルには個人差があります。しかし、私は考えます。能力がいかに小さくても、やる気さえあれば、その達成力は莫大なものになると。質量（能力）が原子並みに小さくても、そこに光速（やる気）の二乗がかかれば、個人差なんていくらでも克服でき、爆発的なエネルギーを放出できるのです。私は、「人は、能力とやる気を出し切れば、たいていのことは成し遂げられる！」と強く信じています。

本書を読まれた皆さんには、ぜひやる気を爆発させて、最強プラットフォームを創っていただきたいと願っています。

２０１９年３月

川原　秀仁

川原秀仁（かわはら・ひでひと）

株式会社山下PMC代表取締役社長。1960年、佐賀県唐津市生まれ。大学卒業後、農用地開発公団、JICA等を経て、山下設計に入社。山下PMCの創業メンバーとして参画し、国内のコンストラクションマネジメント技術の礎を築く。著書に『施設参謀―建設リスクを経営資源に変えるコンサルティング』（ダイヤモンド社）。

プラットフォームビジネスの最強法則　すべての産業は統合化される

2019年3月30日　初版第1刷発行

著　者　川原秀仁
発行者　米澤仁次
発行所　株式会社光文社
〒112-8011 東京都文京区音羽1-16-6
電話　新事業戦略室　03-5395-8270
　　　書籍販売部　03-5395-8116
　　　業務部　03-5395-8128
乱丁本、落丁本は業務部へご連絡くだされば、お取り替えいたします。

印刷所　堀内印刷
製本所　フォーネット社

ISBN978-4-334-95087-3